俄罗斯民事诉讼法的变革

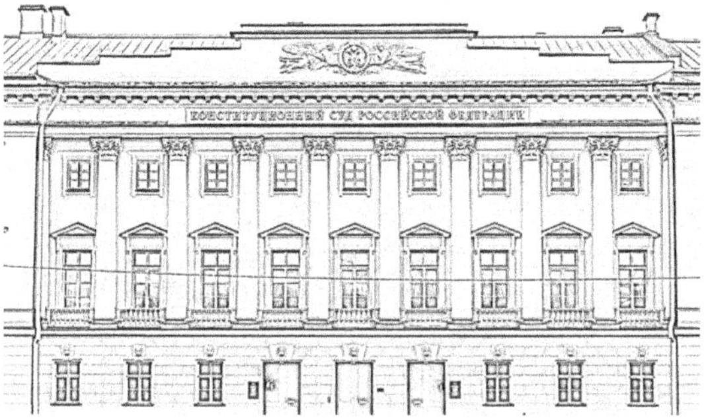

刘　鹏◎著

知识产权出版社
全国百佳图书出版单位

图书在版编目（CIP）数据

俄罗斯民事诉讼法的变革／刘鹏著.—北京：知识产权出版社，2018.5

ISBN 978-7-5130-5599-4

Ⅰ.①俄… Ⅱ.①刘… Ⅲ.①民事诉讼法—研究—俄罗斯 Ⅳ.①D951.251

中国版本图书馆 CIP 数据核字（2018）第 107837 号

责任编辑：雷春丽　　**责任印制**：孙婷婷

封面设计：SUN 工作室　韩建文

俄罗斯民事诉讼法的变革

刘　鹏　著

出版发行：知识产权出版社有限责任公司　　**网　　址**：http：//www.ipph.cn

社　　址：北京市海淀区气象路 50 号院　　**邮　　编**：100081

责编电话：010-82000860 转 8004　　**责编邮箱**：leichunli@cnipr.com

发行电话：010-82000860 转 8101/8102　　**发行传真**：010-82000893/82005070/82000270

印　　刷：北京虎彩文化传播有限公司　　**经　　销**：各大网上书店、新华书店及相关专业书店

开　　本：720mm×1000mm　1/16　　**印　　张**：14.5

版　　次：2018 年 5 月第 1 版　　**印　　次**：2018 年 5 月第 1 次印刷

字　　数：202 千字　　**定　　价**：45.00 元

ISBN 978-7-5130-5599-4

前　言

本书论述俄罗斯民事诉讼法的变革。

第一章阐述选题理由和研究价值，界定研究主题。

第二章论述俄罗斯民事诉讼法变革的背景。第一个背景是政治转型，政治转型推进了民事诉讼法变革的进程，决定了民事诉讼法变革的理念。第二个背景是经济改革，经济改革为民事诉讼法的变革与实施提供了资金保障，也为民事诉讼法的变革提出了新的问题。第三个背景是司法改革：其一，恢复和解法官制度，有利于民众接近司法，有利于民事纠纷的迅速解决；其二，废除民事陪审制，促进司法公正与效率；其三，改革法院的财政保障，促进司法独立与公正。

第三章阐述民事诉讼法变革的成果，即2002年《俄罗斯联邦民事诉讼法典》的制定过程与法典的体例结构。

接下来分几个专题论述俄罗斯民事诉讼法变革的具体内容。

第一个专题（第四章），当事人与法院关系的变革。第一节侧重研究当事人诉讼行为对法院的制约，第二节侧重研究法院的诉讼干预权和诉讼领导对当事人的制约。结论是：当事人的诉讼行为可以制约法院职权的行使，法院不再代表国家干预当事人的诉讼行为。

第二个专题（第五章），民事检察监督的变革。变革首先表现在理念上：从干预理念转变为司法自治理念和保障私权理念，从特殊保护理念转变为平等保护理念，从监督审判机关的理念转变为参与民事诉讼的理念。变革还表现在制度上：在民事诉讼中，检察长不再是监督者，而是当事人；检察长参加民事诉讼的范围，实现了保护公共利益和尊重当事人处分权的平衡。

第三个专题（第六章），民事简易程序的构建。俄罗斯建立了三种简易程序：其一是和解法官审理民事案件。和解法官管辖的案件有：法院命令案件；家庭法律关系案件；个人劳动争议案件；确定财产使用程序的案件。和解法官审理案件的程序灵活，可以迅速审结案件。其二是法院命令程序，即当事人迅速追索金钱和动产的一种简易程序，相当于大陆法系的督促程序。其三是缺席判决程序，即在被告不到庭的情况下，法院依原告的申请适用简化的程序审判民事案件。

第四个专题（第七章），复审程序的变革。俄罗斯的复审程序包括上诉审程序和再审程序。其一，构建二元化的上诉审程序，包括控诉程序和撤销程序，弱化了国家干预；其二，改造二元化的再审程序，取消法院院长和检察长提起审判监督程序的职权，赋予当事人和参加案件的检察长提起再审程序的权利。

本书的结论是，俄罗斯民事诉讼变革的实质，或者说变革的精神是：第一，弱化国家干预，法院和检察长不再干涉当事人私权的行使，而是保障当事人私权的行使；第二，强化当事人的诉讼权利，主要是辩论权和处分权；第三，构建了现代化的诉讼程序。

目 录 *CONTENTS*

第一章
导　论

一、问题意识

20 世纪 90 年代以来，中国法学界开始关注对外国法的研究。比较法一度成为显学。通过研究大陆法系、英美法系国家的法律制度、法律学说和法律实践，为中国法学理论的构建，甚至法律制度的构建，提供了大量的素材和资源。当前，正值 21 世纪的第二个十年，中国法学界早已脱离了依靠外国学术话语资源进行理论创新的状态，学术自主话语已经建立起来。在这样的情况下，研究外国民事诉讼法似乎进入了相对冷清的阶段。建立我们自己的民事实施理论体系、话语体系，研究中国问题固然是安身立命之本，但一定的世界眼光却也不可缺少。有些比较、有些见识之后，会把自己的事情做得更好。本书即选取外国民事诉讼法为研究对象，而且是相对冷门的俄罗斯民事诉讼法。其中的目的，一是丰富我国民事诉讼法学的研究；二是以俄罗斯制度为样本，考察其正当得失，可以为我国民事诉讼法的完善提供素材；三是通过研究，为我国民事诉讼法解释学的发展提供资料。

在民事诉讼法学领域，比较民事诉讼法学或者外国民事诉讼法学，在 21 世纪前后取得了许多研究成果。检索 2000 年以后的研究成果，有的是对多国民事诉讼进行比较研究，[①] 有的是研究某一国家的民事诉讼制度或者

---

① 陈刚主编：《比较民事诉讼法（年刊）》，中国人民大学出版社；常怡主编：《比较民事诉讼法》，中国政法大学出版社 2002 年版；谭兵主编：《外国民事诉讼制度研究》，法律出版社 2003 年版。

司法改革,[①] 此外，还翻译了大量的国外民事诉讼法学的著作。[②] 从研究成果看，学界已经开始对俄罗斯民事诉讼法进行研究。研究的视角，一是进行教科书式的研究，为学界研究提供了丰富的资料；二是论述俄罗斯民事诉讼的立法动向与思路。本书以俄罗斯民事诉讼法的变革为题，主要在社会变革的背景下，进行俄罗斯民事诉讼法变革的制度分析与价值判断，力求有益于我国的立法与理论研究。选题的理由是：基于中俄两国民事诉讼法传统与现实的相似性，以俄罗斯民事诉讼法为研究对象，有助于我们汲取民事诉讼法修改的经验，有助于深化我国民事诉讼法学的研究。

每个国家都有自己独特的民事诉讼发展史，在传统与现实之间，中俄两国谈不上完全相同，也没有法律制度的继受。但在大的方面，还是具有一定的相似性，表现在以下几个方面。

（一）法律传统的相似性

（1）封建专制的传统。与西方国家相比，俄国资本主义的历史较短，而封建专制的传统相对较长。从基辅罗斯[③]到蒙古鞑靼压迫的俄罗斯[④]

① 齐树洁主编：《英国民事司法改革》，北京大学出版社 2004 年版；徐昕：《英国民事诉讼与民事司法改革》，中国政法大学出版社 2002 年版；齐树洁：“德国民事司法改革及其借鉴意义”，载《中国法学》2002 年第 3 期；张家慧：《俄罗斯民事诉讼法研究》，法律出版社 2004 年版；陈桂明、刘鹏：“俄罗斯民事诉讼法典的修改”，载《比较法研究》2005 年第 3 期。

② ［日］小岛武司：《诉讼制度改革的法理与实证》，陈刚、郭美松等译，法律出版社 2001 年版；［日］中村英郎：《新民事诉讼法讲义》，陈刚等译，法律出版社 2001 年版；［美］史蒂文·苏本：《美国民事诉讼的真谛》，蔡彦敏、徐卉译，法律出版社 2002 年版；［德］莱奥·罗森贝克：《证明责任论——以德国民法典和民事诉讼法典为基础撰写》，庄敬华译，中国法制出版社 2002 年版；［日］高桥宏志：《民事诉讼法：制度与理论的深层分析》，林剑锋译，法律出版社 2003 年版；［德］奥特马·尧厄尼希：《民事诉讼法》，周翠译，法律出版社 2003 年版。

③ 基辅罗斯（Киевская Русь），是指 9～12 世纪早期封建制的俄罗斯国家。

④ 蒙古鞑靼压迫（монголо－татарское иго），是指蒙古鞑靼人在俄罗斯进行的封建统治。1240 年 12 月，蒙古人占领了基辅罗斯的首都基辅，此后莫斯科成为俄罗斯的中心，开始了莫斯科的俄罗斯时代。在这个时代，俄罗斯人受到蒙古鞑靼人的压迫，直至 1490 年，莫斯科的沙皇伊凡三世在人民的鼓舞下才彻底推翻了异族的统治。蒙古鞑靼人的压迫持续了 250 年，阻碍了俄国同西欧的联系，抑制了俄国的经济、政治、法律和文化的发展。

（公元862年～15世纪末），再从莫斯科的俄罗斯（14世纪～15世纪末）[①]到圣彼得堡的俄罗斯[②]（1703～1917年），在这一千多年俄罗斯国家历史的进程中，封建专制[③]一直是主流，资本主义的发展则是在1861年以后才出现的。[④] 伴随着俄国领土的扩张，沙皇专制的权力也越来越大，其权力插手到社会、团体和个人的生活中。沙皇专制走向极端的标志是彼得一世（Петр I）执政，形成了警察国家（полицейское государство）的局面。[⑤]这种国家对私权的干涉，是俄罗斯法律传统的一个重要方面。我国封建社会的历史有两千多年[⑥]，封建制度同样对法律产生了深刻的影响。就民事诉讼方面而言，体现为国法和家法的关系。即家族内部纠纷实行家族仲裁前置制度，家族不能调解的，才由国家司法机关处理。对家族外的纠纷，

① 莫斯科时代的俄罗斯是以莫斯科公国为中心建立的封建国家。这个时代的俄罗斯给人的印象是黑暗的，"莫斯科时代的俄国社会制度的根本原则是个人完全服从国家的利益"。帕甫洛夫－西尔万斯基：《国王的军职人员：被奴役和被抵押的人们（第2版）》，1909年，第223页。转引自［俄］戈·瓦·普列汉诺夫：《俄国社会思想史（第1卷）》，孙静工译，商务印书馆1988年版，第95页。

② 1703年彼得一世将首都从莫斯科迁到涅瓦河入海口和芬兰湾沿岸地区，建立新的首都圣彼得堡，凿通通向欧洲的窗户。此后，开始了圣彼得堡时代的俄罗斯历史。参见［苏］B. B. 马夫罗金：《彼得大帝传》，余大钧译，商务印书馆2000年版，第153～164页。

③ 列宁曾对沙皇专制制度论述道："什么是专制制度？专制制度（专制政体，无限君主制）是一种最高权力完全地、整个地（无限地）由沙皇一人独占的管理形式。沙皇颁布法律，任命官吏，搜刮和挥霍人民的钱财，人民对立法和监督管理一概不得过问。因此，专制制度就是官吏和警察专权，而人民无权。俄国全体人民备受无权的痛苦，有产阶级（特别是富有的地主和资本家）却可以任意左右官吏。"《列宁全集（第4卷）》，人民出版社1985年第2版，第219页。

④ 1861年，俄罗斯沙皇亚历山大二世（Александр II）签署了《摆脱农奴制束缚农民的地位》的法律，并颁布了解放农民的诏书。此后，俄国才逐步走上带有大量封建残余的资本主义道路。См.：*Дворниченко А. Ю.*，*Тот Ю. В.*，*Ходяков М. В.* История России. М.，2005. С. 263.

⑤ 警察国家不仅是指在这个时期创建了职业化的警察队伍，而且意味着国家要干涉并调整生活的一切细节。См.：*Исаев И. А.* История государства и права России. М.，2006. С. 79.

⑥ 公认的封建社会的划分标准来源于郭沫若先生。他认为，奴隶制的下限应该划在春秋与战国之际。依据史记记载，把绝对的年代定在周元王元年，即公元前475年。在此之前的春秋作为奴隶制社会的末期，在这之后的战国作为封建制的初期。据此，从公元前475年开始，到新中国土地改革为止，中国的封建制有两千多年。参见郭沫若："奴隶制时代"，见《奴隶制时代》，人民出版社1954年版。

则由国家处理。[①] 这种国法与家法并存的局面，表面上看是减少了国家对民事纠纷的审判，实质上是国家“希望每一单位的主权能为其单位团体的每一分子对法律负责，对国家负责”[②]，国家对私权的干涉不仅没有减少，反倒更多了。

封建法律传统的第二个表现是封建等级制度。在俄国，“国家作用的强化使得出现了特定阶层和社会群体的详尽、全面的权利义务规则。由此从封建贵族阶层产生了法定的贵族阶级”。[③] 这种立法上的偏私，导致了不可能有公正的司法。[④] 封建等级制度延伸至司法领域，法律面前人人平等就成了一句空话。而在中国封建社会，封建等级制度不仅表现在社会生活方面，也体现在司法过程中。“法律只是贵族统治人民的工具，他自己则全然立于法律之外，不受其拘束及制裁。”[⑤] 即所谓“礼不下庶人，刑不上大夫。”[⑥] 在民事诉讼中，贵族士大夫与平民根本就不是平等的，士大夫甚至以出庭与平民对质为耻。[⑦] 可见，中俄两国的法律传统都受到了特权等级制度的影响。

（2）大陆法系的传统。沙皇俄国属于大陆法系[⑧]国家，结合民事诉讼

① 瞿同祖：“中国法律与中国社会”，见《瞿同祖法学论著集》，中国政法大学出版社1998年版。

② 瞿同祖：“中国法律与中国社会”，见《瞿同祖法学论著集》，中国政法大学出版社1998年版。

③ *Исаев И. А* История государства и права России. М., 2006. С. 78－79.

④ 马克思在提醒莱茵省的全体居民和法律家时说道：“如果认为在立法者偏私的情况下可以有公正的法官，那简直是愚蠢而不切实际的幻想！既然法律是自私自利的，那么大公无私的判决还能有什么意义?”《马克思恩格斯全集（第1卷）》，人民出版社1972年版，第178页。

⑤ 瞿同祖：“中国法律与中国社会”，见《瞿同祖法学论著集》，中国政法大学出版社1998年版。

⑥ 《礼记·曲礼上》。

⑦ 清朝法律规定：“凡官吏有争论婚姻、钱债、田土等事，听令家人告官对理，不计公文行移，违者笞四十。”《大清律例》卷三十《刑律》。

⑧ ［美］约翰·亨利·梅利曼：《大陆法系》，顾培东、禄正平译，法律出版社2004年第2版，第4页。

法来讲，其法律制度受到两个方面的影响：其一是罗马—教会法，[①] 其二是德国、法国等大陆法国家的立法。这两方面的影响是按时间顺序排列的。首先，公元988年罗斯（古代俄罗斯的名称）接受了基督教，随即基督教的信仰和法律一同传到俄国，拜占庭帝国[②]的罗马—教会法开始改变俄国本土的法律传统，表现为俄国民事诉讼程序全面接受了罗马—教会法的诉讼程序。例如，11世纪弗拉基米尔大公（Князь Владимир）制定了《审判人员法》（“закон судный людем”），此法就是教会化的拜占庭民事立法的汇编。这部法律规定，证人是主要的诉讼证据，没有证人就不得提起诉讼，这在以往的俄国法中是从未有过的。[③] 罗马—教会法的影响一直持续到17世纪。17世纪晚期，沙皇彼得一世亲政后，推向全面欧化的政策。此时拜占庭帝国早已不复存在，彼得一世离弃了已经灭亡的拜占庭传统，转向学习欧洲的法律。在这个时期开始进行了法律编纂活动，目的是使俄国现有的法律规范系统化。法律编纂活动在彼得一世死后发生了重大变化：第一，法典编纂委员会不再由各阶层的代表组成（如教士、军人、

---

① 19世纪的俄国法学界，对于罗马法影响俄国立法的程度有三种观点：一是独立论，即俄国法的历史发展完全独立于罗马法，罗马法对俄国法仅具历史作用，持此观点的代表是C. A. 穆罗姆采夫（C. A. Муромцев）；二是渊源论，即俄国法完全来源于罗马法，是罗马法的一个产品，主张此观点的代表是T. Ф. 舍尔舍涅维奇（T. Ф. Шершеневич）；三是借用论，即俄国法在特定的发展阶段借用了罗马法的一些制度和概念，此种观点提出的较早，代表人是H. Л. 久维尔努阿（H. Л. Дювернуа）。См.：*Салогубова Е. В* Влияние судебного права на российское гражданское процессуальное законодательство // Вестн. моск. ун－та. сер. 11, Право. 1997. № 2. С. 29.

② 拜占庭帝国（4～15世纪）就是东罗马帝国。330年，归信基督教的罗马皇帝君士坦丁决定在古老的希腊城市拜占庭建立帝国新都。君士坦丁去世后，帝国被其众子分东西而治，拜占庭遂成为东罗马帝国。1453年，穆罕默德二世率土耳其人攻破拜占庭首都君士坦丁堡，拜占庭帝国就此灭亡。参见［英］玛丽·坎宁安：《拜占庭的信仰》，李志雨译，北京大学出版社2005年版。

③ См.：*Салогубова Е. В* Влияние судебного права на российское гражданское процессуальное законодательство // Вестн. моск. ун－та. сер. 11, Право. 1997. № 2. С. 30－31.

市民、议员）审议；[①] 参加编纂工作的贵族不再满足于本国法律的法典化，而向西欧立法寻求智慧。[②] 于是，“外国的影响和立法者的意志对抗着本国的法律传统。法律技术则初步实现了从编纂立法到使其系统化的转变”。[③] 这些就是俄国近一千年大陆法发展史的脉络，值得一提的是，俄国对大陆法的接受只停留在立法和程序上，在司法实践中保留了大量俄国本土法律的影响，这是俄国大陆法传统的重要特征。

我国的大陆法传统应当从清末修律[④]开始。从法律渊源看，清末修律“主要渊源于外国资本主义的法律体系，同时也继承了中华法系，是两种法系的混合体”。[⑤] 主要是移植了德国、日本等国家的法律原则和法律条款。待中华民国建立后，以日本法为范本编纂了六法全书，实则接受了德国、瑞士模式的大陆法传统。[⑥] 就大陆法而言，我国与俄国的相似点在于：第一，两国都不是传统大陆法国家，都是移植或继受他国法律制度，差别仅在于接受时间的先后；第二，两国接受大陆法的同时，都保留了本

---

① 由各阶层代表在最高枢密院审议听取草案的做法，早在1726年女沙皇叶卡捷琳娜一世（Екатерина I）统治时就已存在。但由于当时俄国的实际情况，这一做法不但毫无实效，而且发生了许多十分有趣的事情。一部分人民把派遣代表参加这个委员会看为一种对国家的可憎的徭役。对这部分人来说，问题是尽快地摆脱这种徭役。普列汉诺夫将这种现象的原因解释为：“这一委员会表明，我国当时的客观实际，对于那些不符合彼得时代以前的旧事物和不符合迄今仍没有动摇的国家制度基础的法典的实施，是多么不利。”参见［俄］戈·瓦·普列汉诺夫：《俄国社会思想史（第3卷）》，孙静工译，商务印书馆1988年版，第96页。

② 在沙皇亚历山大一世（Александр I）（1801～1825年）统治下，曾一度计划编纂一部以法国为模式的民法典，并于1810年推出了这部法典的最初部分条文草案，其中大部分模仿法国民法典。但几年后的拿破仑入侵俄国完全改变了俄国人对法国的态度，法国式的民法典也宣告破产。

③ См.: *Исаев И. А.* История государства и права России. М., 2006. С. 92–93.

④ “清末修律包括删改旧律与制定新律两个方面。从时间上看，大致可以分为前后两个时期。前期自1840年鸦片战争至1900年义和团运动，共60年；后期自1901年义和团运动被镇压至1911年辛亥革命爆发，共10年。”曾宪义：“清末修律初探”，见《法律史论丛（第三辑）》，法律出版社1983年版。

⑤ 曾宪义：《清末修律初探》，见《法律史论丛（第三辑）》，法律出版社1983年版。

⑥ ［德］K. 茨威格特、H. 克茨：《比较法总论》，潘汉典、米健、高鸿钧、贺卫方译，法律出版社2003年版，第513页。

国的法律传统，或者说，外国法律制度与本国法律传统的冲突与融合，一直都是法律发展、变革的主题之一；第三，西方式的成文法对于广大民众来说基本上没有实在的意义。在专制主义统治下，“由他们的共同利益所决定的这种意志的表现，就是法律”①，得到了直接、充分的表现。

（3）社会主义法系的传统。1917 年，俄国爆发了十月社会主义革命，世界上出现了第一个社会主义国家——苏俄②。随后，苏俄人民委员会颁布了《关于法院的一号法令》。在立法方面，法令废除了同“革命的法律意识”相矛盾的旧法，使革命的法律意识成为立法的主要渊源；在司法方面，撤销了 1864 年司法改革所建立的旧司法机关，建立了由人民代表参加的地方法院。法律制度的变革并非建立在空中楼阁之上，而是“在现存的大陆法制度和大陆法理论中强制推行社会主义的思想原则”。③ 这说明，任何法律变革都离不开固有的法律传统，离开法律传统就是无本之木。

中国作为社会主义国家的一员，民事诉讼立法在一定程度上受到了苏俄 1964 年《民事诉讼法》的影响，表现在：第一，在立法任务上，民事诉讼法有教育公民自觉遵守法律的职能；第二，在制度上，如人民陪审员制度；第三，在程序上，如审判监督程序；第四，在法院职能上，最高法院拥有较大的司法解释权。这里暂且提出问题，对这些问题的研究将在后文展开论述。同时应该指出，在研究中俄两国社会主义法律传统时，应该理性地比较分析，不应主观地扩大二者的联系。

综上，理解中俄两国三种法律传统的相似性，不仅应当注意这三种法律

① 《马克思恩格斯全集（第 3 卷）》，人民出版社 1972 年版，第 378 页。

② 苏俄，即俄罗斯苏维埃联邦社会主义共和国（РСФСР）的简称，是第一个社会主义国家，成立于 1917 年。苏俄是苏联（苏维埃社会主义共和国联盟，СССР，1922 年成立）最大的加盟国。

③ ［美］约翰·亨利·梅利曼：《大陆法系》，顾培东、禄正平译，法律出版社 2004 年第 2 版，第 4 页。

传统出现的时间顺序，而且应当研究其在当代社会的时空共存性，因为法律传统具有一定的稳定性。注意到两国相似的法律传统，俄罗斯民事诉讼的变革可能会给我国提供一些启示，引发我们的思考，这是选题的第一个原因。

（二）相似的法律现实

注意到现实是存在于传统背景之下，两国面临的法律现实就更加复杂。在全球化的背景之下，中俄两国都不是西方式的国家，都处于社会变革之中，法律制度包括民事诉讼法都要进行较大的修改，因此，两国至少面临以下几个相似问题：

（1）如何评价本国的法律传统？如何解决本国法律传统的继承和发展问题？

（2）民事诉讼立法如何满足本国的现实需求和当事人的法律需求？

（3）在社会变革的背景下，如何实现保障当事人的诉权？怎样更好地实现司法公正？

（4）民事诉讼立法如何应对法律全球化的势力？欧美标准与本国立法孰优孰劣？

本书试图在研究过程中，对上述现实问题进行一些思考，提出一些建设性的见解，这是选题的第二个原因。

综上，中俄两国在封建专制传统、大陆法系传统、社会主义法系传统上具有相似性，或者说有一定的联系；研究俄罗斯民事诉讼在现阶段的变革，对我国立法和理论研究具有独特而积极的意义。

二、研究价值

研究俄罗斯的民事诉讼的变革，结合俄罗斯的具体国情，探讨这场变革的得失利弊和内在规律，不仅可充实对外国民事诉讼法的研究，还有利于我国民事诉讼法的修改和理论研究的深入。

（一）对我国民事诉讼法修改与完善的价值

我国现行民事诉讼法于1991年通过，迄今为止，已进行三次修改：第一次是2007年，第二次是2012年，第三次是2017年。党的十八大以来，随着民事司法改革的逐步推入，要求民事诉讼立法继续与时俱进，满足人民群众日益增长的对公平正义的需求。可以预见，在不久的将来，民事诉讼法还将完善。为了提高法律草案的起草和审议质量，立法机构修改现行民事诉讼法之前有必要进行调查研究。调查研究分两个方面，一是研究我国立法适用中的问题，二是研究外国立法及其适用中的问题。前者是主要方面，后者可供立法参考，本书进行的就是后一个工作：

（1）研究俄罗斯民事诉讼立法的体例结构、立法语言。

（2）研究俄罗斯民事诉讼的具体制度、程序规则和证据规则。

（3）结合社会变革的背景，研究其诉讼制度是否满足了社会需要。

（4）分析俄罗斯变革的经验教训，研究我国民事诉讼立法的方向。

（二）对我国民事诉讼理论研究的价值

（1）本书试图在研究民事诉讼制度变革的同时，结合社会学方法，分析制度变革的原因，评价制度变革的得失，展望我国民事诉讼法修改的前景。

（2）从研究方法看，本书运用一种法解释学为主的研究方法，并参考相关社会科学研究方法，这种对民事诉讼法学研究方法的尝试，希望得出更有说服力的研究结论。

（3）从研究材料看，本书运用的材料主要来源于俄罗斯出版的最新第一手资料以及可以访问的俄罗斯网站，具有权威性；本书阐述的司法实践，多为笔者实际考察所得。对第一手材料的运用以及实证研究保证了本书内容和结论的科学性。

三、论题界定

本书研究俄罗斯民事诉讼的变革，有几个问题需要界定。

（一）俄罗斯的范围

俄罗斯作为一个国家概念，从其产生之日起，经历了无数次政治变动和疆域扩展，本书论述的俄罗斯，只包括苏俄和俄罗斯联邦。苏俄是俄罗斯联邦的前身。根据俄罗斯宪法，俄罗斯和俄罗斯联邦的法律意义是完全相同的。为了行文方便，俄罗斯、俄罗斯联邦、俄国在本书中的含义是相同的。

（二）民事诉讼法的范围

俄罗斯的民事诉讼立法采用法典形式，本书论述民事诉讼法的变革，主要以2002年《俄罗斯联邦民事诉讼法典》① 为依据，结合1964年《苏俄民事诉讼法典》② 探讨俄罗斯民事诉讼法的变革。这是从法典名称的角度做形式观察，如将俄国与我国的民事诉讼法的适用范围（主管范围）进行比较，还会发现新的问题，这些问题决定了本书的论述范围。

（1）我国民事诉讼法的适用范围，既包括民事案件，又包括经济案件（如企业之间的合同纠纷）；而俄罗斯民事诉讼法的适用范围，包括民事案件，却不包括经济案件。在俄罗斯法律体系中，经济案件通过国家仲

---

① “Гражданский процессуальный кодекс Российской Федерации”，国家杜马2002年10月23日通过，联邦委员会2002年10月30日批准，自2003年2月1日起施行。该法典的中文译本，参见《俄罗斯联邦民事诉讼法典》，黄道秀译，中国人民公安大学2003年版。

② “Гражданский процессуальный кодекс РСФСР”，俄罗斯苏维埃社会主义共和国最高苏维埃第六届第二次会议1964年6月11日通过。该法典的中文译本参见《苏俄民事诉讼法典》，梁启明、邓曙光译，法律出版社1982年版。

裁程序（арбитражный процесс）① 审理和解决，法律依据是《俄罗斯联邦国家仲裁程序法典》②。理解这种民事诉讼与经济诉讼（国家仲裁）二元划分的立法例，还需从苏联时代的计划经济谈起。在计划经济体制下，

---

① 国家仲裁程序（арбитражный процесс），是俄罗斯法特有的解决经济争议诉讼程序，也是一个经常引起他国法学界误会的法律概念。仲裁“арбитраж”（arbitration）的本意，是指当事人通过仲裁协议将民事纠纷提交给第三者作出裁决，双方有义务执行裁决的一种解决争议的方式。仲裁机构通常是民间性质的团体，其受理案件的管辖权来自仲裁协议，没有仲裁协议就无权受理。然而，在俄罗斯法律体系中，仲裁“арбитраж”的含义却是由国家仲裁法院审理和解决经济争议以及其他相关争议的一种程序。正确翻译“арбитраж”这个法律术语，不仅可以明确界定法律概念，还有利于学界理解这个制度的法律变迁。而理解其制度演变，必须从历史发展的角度进行考察。俄罗斯法中“арбитраж”制度的发展经历了两个阶段：（1）苏俄时期的公断制度。为了解决社会主义组织之间的经济纠纷，早在 1922 年，苏俄就建立了国家公断委员会，目的是采用行政方式解决公有制经济纠纷，更好地落实国家经济发展计划。1931 年，苏俄通过了《国家公断条例》，该条例系统地规定了国家公断机关的任务、编制、职权、审理和解决纠纷的程序，以及对各公断机关业务的监督。条例明确了设立公断机关的目的是：“解决公有成分的机关、企业和组织之间发生了财产争议，以便保证加强合同纪律、计划纪律和经济核算制。”国家公断机关的法律性质，既不同于国家审判机关，因为其不行使司法权，不受辩论原则和处分原则的约束；又不同于国家行政机关，因为其不享有在组织和管理经济方面的支配权，也不能采用业务领导的方法。有苏联学者认为，国家公断处是“部长会议和边区、省劳动者代表苏维埃执行委员会的辅助机关，这种机关解决各社会主义经济组织之间的订立合同前纠纷和财产纠纷。”（克列曼）。综上，苏俄时期的公断处是国家行政机关的辅助机关，不是司法机关。将此阶段“арбитраж”制度译成“公断”，既符合由国家公权力解决经济纠纷的法律特点（公），又符合其活动具有行政性的法律性质（断），是十分恰当的。（2）俄罗斯联邦时期的国家仲裁制度。苏联解体后，俄罗斯在司法改革的背景下制定了《国家仲裁程序法》，这里所说的“仲裁”，是指由各级国家仲裁法院审理和解决经济案件和其他相关案件的诉讼程序，国家仲裁法院与普通的审理民事案件的法院各自独立，都是国家的司法机关。可见，现阶段俄罗斯法律中的“仲裁”，相当于在我国通过民事诉讼审理和解决经济案件，两者的法律性质都是司法性的，当事人的意思自治都受到国家审判机关的限制。将其译成“国家仲裁”，一是为了区分于我国法律中的仲裁，俄罗斯的国家仲裁是司法性的，我国的仲裁是民间性的；二是为了区分于俄罗斯法中的民事诉讼，民事诉讼是解决民事争议的，国家仲裁是解决经济争议的。参见［苏］A. Ф. 克列曼《苏维埃民事诉讼法》，王之相、王增润译，法律出版社 1957 年版，第 21 章；［苏］A. A. 多勃罗沃里斯基：《苏维埃民事诉讼》，李衍译，法律出版社 1985 年版，第 30 章；Арбитражный процесс / Под ред. Гукасяна Р. Е. М.，2006. С. 5.

② “Арбитражный процессуальный кодекс Российской Федерации”，国家杜马 2002 年 6 月 14 日通过，联邦委员会 2002 年 7 月 10 日批准，自 2002 年 7 月 24 日起施行；2004 年 7 月 28 日、11 月 2 日，2005 年 3 月 31 日修订。该法典的中文译本，参见《俄罗斯联邦仲裁程序法典》，黄道秀译，中国人民公安大学 2005 年版。

社会主义经济组织（国有企业）之间订立的经济合同都纳入国家的经济发展计划。国有企业之间发生经济合同纠纷，不仅是企业之间的“私事”，更重要的是一件影响国家经济计划的“公事”，纠纷必须要友好地按照国家的经济计划加以解决。经验证明，普通的法院不能胜任这个工作，原因如下：第一，解决复杂的经济纠纷不仅要有法律知识，还要具备经济知识和经济管理经验；第二，国有企业间的纠纷一般都会影响到国民经济发展计划，例如，一个给付迟延的合同纠纷，可能会影响到某种产品的供应，从而会给国民经济发展计划带来影响。① 于是，苏俄建立了国家公断庭和主管公断庭，其性质是具有司法功能的行政机关。苏联解体后，计划经济不复存在，司法体系也经历了重大改革。公断庭和各种附属于行政机关的公断机关，被新型的国家仲裁法院②所取代。这种制度上的变化，表明俄罗斯解决经济争议的方式，从行政—准司法方式过渡为司法方式；解决经济争议的理念，从巩固经济核算、完成国家经济发展计划，过渡为保障经营活动中的合法权益、接近司法和公正审判。

综上，俄罗斯民事诉讼法可作广义、狭义两种理解：广义的民事诉讼法，既包括《民事诉讼法典》，又包括《国家仲裁程序法典》；狭义的民事诉讼法，仅包括《民事诉讼法典》。本书仅论述狭义的民事诉讼法，不论述国家仲裁程序。

（2）我国民事诉讼法的适用范围，只解决私法纠纷（选民资格案件除外），不解决公法纠纷，因行政行为侵犯合法权益的案件由行政诉讼解

---

① *International Encyclopedia of Comparative Law*, Vol. XVI, Civil Procedure, Ch. 13, State Arbitration in Socialist Countries.

② 根据1996年《俄罗斯联邦司法体系法》（О судебной системе Российской Федерации）和1995年《俄罗斯联邦国家仲裁法院法》（Об арбитражных судах в Российской Федерации），俄罗斯联邦的国家仲裁法院是俄罗斯联邦司法体系中的联邦法院，国家仲裁法院的体系是：俄罗斯联邦最高国家仲裁法院；地区联邦国家仲裁法院（监督国家仲裁法院）；上诉国家仲裁法院；共和国、边疆区、州、联邦直辖市、自治州和自治区一审国际仲裁法院。

决；俄罗斯没有单独的行政诉讼法，因抽象行政行为和具体行政行为引发争议的案件，适用民事诉讼中审理公共法律关系案件的程序。[①] 本书仅论述审理和解决民事纠纷的程序，不论述其行政诉讼程序。

（3）我国民事诉讼法既包括诉讼程序，又包括执行程序。俄罗斯民事诉讼法典关于执行程序的规定仅限执行中的裁判事项，如发出执行令、执行中止、执行终结、执行回转；有关实施执行的规则，如执行条件和执行措施，规定在1997年《执行程序法》[②] 中；有关执行主体的规则，则规定在1997年《司法警察法》[③] 中。本书仅论述民事诉讼程序，不论述执行程序。

（三）哪个时期的变革

俄罗斯最早的民事诉讼法律规范，应该从公元911年开始。[④] 但长期以来，俄罗斯并没有制定单行的民事诉讼法或者系统的民事诉讼法典。一直

---

① 《俄罗斯联邦民事诉讼法典》第245条规定："法院审理下列公共法律关系案件：公民、组织和检察长申请部分或全部撤销规范性法律文件，如果联邦法律未规定这些申请归其他法院管辖；申请撤销国家权力机关、地方自治机关、公职人员、国家和地方工作人员的决定和行为（不作为）；申请保护俄罗斯联邦公民的选举权和参加全民公决的权力；联邦法律规定的其他公共法律关系案件。"

② "Об исполнительном производстве"，国家杜马1997年6月4日通过，联邦委员会1997年7月3日批准，自1997年7月21日起施行。

③ "О судебных приставах"，国家杜马1997年6月4日通过，联邦委员会7月3日批准，自1997年7月21日起施行。根据此法，俄罗斯联邦司法警察的任务是，保障法院司法活动的秩序，执行法院判决以及有关执行程序的联邦法律所规定的其他机关的决定。司法警察由俄罗斯司法部任命和管理。根据履行职责的不同，司法警察分为两种：一种是保障型司法警察（судебный пристав по обеспечению установленного порядка деятельности судов），另一种是执行型司法警察（судебный пристава - исполнитель）。执行型司法警察专门负责法院民事判决的执行，所以俄罗斯的民事执行机构属于二元制模式，即法院行使执行裁判权，法院之外的司法警察行使执行实施权。

④ 公元911年，罗斯大公奥列格与拜占庭皇帝列奥、亚历山大签订条约，引入了拜占庭帝国的罗马诉讼程序和证据规范，这是俄罗斯法律史上第一次正式的民事诉讼法律规范。См.：*Салогубова Е.В.* Влияние римского права на Российское гражданское процессуальное законодательство // Вестн. моск. ун - та. сер. 11, Право. 1997. № 2.

到1923年，才由苏俄制定了《苏俄民事诉讼法典》①，这是俄罗斯历史上第一部现代的民事诉讼法典，是俄罗斯民事诉讼立法史上的里程碑。这部法典是苏俄为了适应当时的新经济政策、保障民事流转、规范民事诉讼程序而制定的，从1923年到1964年施行。之后，苏俄于1964年制定了第二部《苏俄民事诉讼法典》②，是苏俄根据《苏联和加盟共和国民事诉讼立法纲要》制定的，从1964年到2002年施行。这两部法典分别施行了差不多40年，可以说适应了当时的社会经济和政治条件。2002年10月23日，俄罗斯国家杜马通过了《俄罗斯联邦民事诉讼法典》，该法典于同年10月30日被俄罗斯联邦委员会批准，自2003年2月1日起施行。

本书所述俄罗斯民事诉讼变革的时间段，不是一千年来俄罗斯民事诉讼立法的沿革与变革，而是论述俄罗斯民事诉讼法，从1964年《苏俄民事诉讼法典》到2002年《俄罗斯联邦民事诉讼法典》的变革；论述的侧重点不放在1964年法典上，而是主要研究2002年法典的体例结构的变化与制度革新，探讨变革的规律。

四、研究思路

本书先研究俄罗斯民事诉讼变革的背景，从政治过渡、经济改革和司法改革三个方面论述。这样论述的出发点是：第一，法律制度的变革不是凭空产生的，而是在社会基础上产生的；评价法律得失的标准不是社会适应法律，而是法律适应社会。论述社会背景（政治、经济）不仅可以理解法律产生的社会基础，而且可以以此来评价法律的得失。第二，民事诉讼法的变革也不是游离于法律体系之外的，其不仅有变革的社会基础，也有变革的法律基础；民事诉讼法与司法体系密切联系，论述俄罗斯的司法改革，有助于深刻理解民事诉讼变革与司法改革之间的关系。

---

① 该法典于1923年7月7日批准，自1923年9月1日起施行，共五编，39章，473条。

② 该法典于1964年6月11日通过，1964年10月颁布实施，共六编，42章，438条。

在深刻理解民事诉讼变革背景之后，阐述新法典的制定过程和体例结构。新法典的执行过程持续了12年之久，有必要研究新法典的制定过程以及制定过程的特点。然后论述新法典的体例结构，通过对比2002年法典与1964年法典，结合其他大陆法系国家民事诉讼法典的体例结构，研究新法典体例结构的特点。

接下来分几个专题来具体研究俄罗斯民事诉讼法的变革。

第一个专题（第四章），法院与当事人之间关系的变革，第一节侧重研究当事人诉讼行为对法院的制约，第二节侧重研究法院的诉讼干预权和诉讼领导对当事人的制约。这个专题也是国家干预的变革之一。

第二个专题（第五章），民事检察监督的变革，从理念和制度两个层面进行研究。这个专题也是国家干预的变革之一。

第三个专题（第六章），民事简易程序的构建，分三节来论述：和解法官审理案件的程序；法院命令程序；缺席判决程序。这个专题也是诉讼程序的变革之一。

第四个专题（第七章），复审程序的变革。第一节论述上诉审程序的变革；第二节论述再审程序的变革。这个专题也是诉讼程序的变革之二。

最后是结论部分。

第二章
变革的背景

1985 年 3 月 11 日，苏共中央选举 M. C. 戈尔巴乔夫为党的总书记。此后，在其倡导的“新思维”的指导下，苏联开始了政治、经济方面的急剧改革。由于对本国国情、社会主义的发展方向和改革规划的错误判断，最终导致改革的全面失控，社会主义国家苏联解体。于是，俄罗斯经历了社会动荡，其政治、经济和法律制度都经历了转型或者改革，民事诉讼法的变革，就是在这样的社会背景下进行的。本章先论述政治转型、经济改革的背景及其对民事诉讼变革的影响，再论述民事诉讼法变革的立法、司法和法学理论的背景。

第一节　政治转型

一、苏联解体

苏联解体是一个复杂的政治现象，本书不进行原因探讨和价值判断，仅围绕民事诉讼变革的主题，择其精要阐述苏联解体的过程。

（一）全面改革

戈尔巴乔夫上台后，面临经济发展停滞和国家处于危机边缘状态的社会背景，开始推行全面改革的计划。在 1985 年 4 月 23 日召开的苏共中央全会上，戈尔巴乔夫提出了《加快社会经济发展的纲领》，这个纲领首次公开阐述了苏联存在的经济和社会问题，应该是全面改革的序幕。1986 年 4 月，戈尔巴乔夫在陶里亚蒂市会见劳动者代表时，第一次提出了“全面改革”的概念；[①] 在此后出版的著作《改革与新思维》中，戈尔巴乔夫阐述了全面改革的目的：“国家生活各个方面的革新，赋予社会主义最现代化的社会组织形式，揭示我们制度各个方面——经济、社会政治和道德——的人道主义性质”。[②] 在《改革与新思维》中，戈尔巴乔夫还论述了改革与社会主义革命、改革与社会主义本质、改革与党的关系，如何使苏联更加民主化、社会化，以及如何处理新形势下的国际关系问题。全面改革包括社会经济、政治、对外政策、民族政策等多个方面，这里仅阐述政治方面的改革。

（1）重新认识社会主义的发展阶段。苏共二十七大后，苏共将党纲中“完善发达社会主义的纲领”，修改为“完善社会主义的纲领”。去掉“发达”二字，“抛弃了勃列日涅夫时期广泛宣传的发达社会主义建成论，对苏联当前社会经济发展水平作出了比较实际的估计”。[③]

（2）民主化。民主化的主要表现是加强社会主义自治的原则。即“在人民代表苏维埃、社会团体和经济组织中全面推广人民自治原则，广泛而有效地利用诸如直接选举制之类的一切直接民主的形式”。[④]

（3）公开化。公开化是民主化的主要途径，主要是向人民通报各级党政机关的工作情况，提倡群众对党政机关的工作进行批评以改正错误，重视发挥社会舆论的监督作用，等等。[⑤]

---

① 黄宏、纪玉祥：《原苏联七年“改革”纪实》，红旗出版社 1992 年版，第 24 页。

② См.：*Горбачев М. С.* Перестройка и новое мышление：для нашей страны и для всего мира. М.，1988. С. 31.

③ 张建华：《俄国史》，人民出版社 2004 年版，第 339 页。

④ 张建华：《俄国史》，人民出版社 2004 年版，第 343 页。

⑤ См.：*Горбачев М. С.* Перестройка и новое мышление：для нашей страны и для всего мира. М.，1988.

民主化和公开化改变了社会观念，推动了民族主义情绪，深刻影响了日后的苏联解体。

（二）改革转向

1988 年 7 月 1 日，召开了苏共第 19 次全国代表大会。这次会议的召开，标志着苏联的政治改革开始转向：从戈尔巴乔夫书面上的改革转向制度性的改革。

（1）改革苏维埃体制，建立人民代表大会制度。苏维埃体制是一种社会主义的、议行合一的政治制度。在这种制度下，立法权——最高苏维埃具有最高地位，行政权和司法权由其产生、对其负责、受其领导、受其监督。1988 年 12 月 1 日，第 11 届最高苏维埃第 12 次会议通过了《关于修改和补充苏联宪法（根本法）的法律》，对苏维埃体制作了重要修改。“新的最高权力机关由苏联人民代表大会、苏联最高苏维埃、苏联最高苏维埃主席团和苏联最高苏维埃主席 4 级组成，代替原有的苏联最高苏维埃和最高苏维埃主席团 2 级。”① 在这种新体制下，人民代表大会取代最高苏维埃成了最高国家权力机关，最高苏维埃则是人民代表大会的常设机构。

（2）削弱党对国家机关的领导。建立人民代表大会制度以后，戈尔巴乔夫又提出强化人民代表大会的职权，加强人民代表大会对国家机关的领导，削弱共产党的国家机关的领导。这样，就为苏联解体埋下了一个隐患。

（3）实行多党制。1990 年 2 月 5 日，苏共中央召开全体会议，讨论在苏联实行多党制的问题。戈尔巴乔夫指出，党的地位不应依靠宪法来强调合法化，主张放弃苏共在宪法上的领导地位。这次会议决定了苏联多党制的命运。1990 年 3 月 12 日，召开了苏联第三次（非常）全国人民代表大会。这次大会的议题有两个：①通过了《设立总统职位和修改、补充苏联宪法（根本法）》的议案，并选举戈尔巴乔夫为首任苏联总统。②修

---

① 张建华：《俄国史》，人民出版社 2004 年版，第 346 页。

改1977年《苏联宪法》。主要变动有两处：一是取消了苏联共产党的领导地位，规定其他政党等政治力量通过自己的代表参加管理国家事务；① 二是建立多党制，赋予公民成立政党、社会团体的自由，以及发动群众运动的自由。② 这次修宪直接导致了改革的全面失控，苏联社会经历了严重的社会动荡。

（三）改革失控

苏联第三次（非常）全国人民代表大会以后，全面改革开始完全背离苏共中央的初衷：戈尔巴乔夫本想完善社会主义制度，在社会生活的各个方面实现民主化，反倒促使反对势力的壮大和苏联加盟国的独立，成为社会主义制度的“掘墓人”。

在加盟国独立的浪潮中，俄罗斯——苏联最大的加盟国——的独立最为引人注目。1990年6月12日，苏俄（РСФСР）举行了第一次人民代表大会，大会选举Б. Н. 叶利钦为苏俄最高苏维埃主席，发表了《苏俄国家主权宣言》（Декларация о государственном суверенитете РСФСР）。这个宣言标志着苏俄（俄罗斯）在法律上成为一个独立的国家，因此，6月12日这一天被定为后来的俄罗斯联邦的国庆日。

在苏俄独立后，戈尔巴乔夫急忙提出建立“社会主义主权国家联盟”的设想，强调新联盟将由主权国家组成。同年7月召开的苏共28大，确定苏联要“走向主权共和国的联盟”，“党将执行加强共和国主权的路

---

① 1977年《苏联宪法》第6条第1款规定：“苏联共产党是苏联社会的领导和指引力量，是苏联政治体系、社会组织的核心力量。”修改后的第6条，取消了原来第6条第2~3款，将第1款改为：“苏联共产党，其他政党以及工会、共青团、其他社会组织和群众运动通过自己选入人民代表苏维埃的代表和其他形式参加制定苏维埃国家的政策，管理国家和社会事务。”

② 1977年《苏联宪法》第51条第1款规定：“根据共产主义建设的目的，苏联公民有权组成社会组织，以促进发展政治积极性和自主性，满足其多种的利益。”修改后的第51条第1款规定：“苏联公民有权结成政党、社会组织，参加群众运动，以促进发展政治积极性和自主性，满足其多种利益。”

线”，这表明苏联已经承认了各加盟共和国所发表的“主权宣言”。[①] 这样，俄罗斯开始了新的历史。

（四）苏联解体

在各个加盟国纷纷独立以后，苏联已经深深陷入政治危机，各种政治事件和政治运动接踵而来，最终导致了苏联解体。

1991 年 3 月 17 日，苏联举行了关于是否保留苏联的选举，1.856 亿苏联选民中，有 1.4855 亿公民即 79.5% 参加投票，其中 1.1350 亿即 76.43% 赞同保留苏联，但事实上全民公决参加者的意见已经起不到任何作用，有六个加盟国根本就不参加全民公决。1991 年 6 月 2 日，苏俄（俄罗斯）举行了历史上第一次总统选举，选举叶利钦为总统。

导致苏联解体的导火索是 1991 年“八·一九”事件。戈尔巴乔夫的政治改革过于激进，对于改革中出现的问题又无力解决，这就引起了党内左派势力的不满，他们计划发动一场政变。1991 年 8 月初，苏联总统戈尔巴乔夫一家前往克里木度假，8 月 19 日早晨，苏联高层[②]借机成立了国家紧急状态委员会（ГКЧП），软禁了在克里木度假的戈尔巴乔夫，由苏联副总统亚纳耶夫行使总统职权。国家紧急状态委员会实施了一系列政变活动：宣布在苏联部分地区实施紧急状态；废除违反苏联宪法的国家结构；暂停反对党的活动，禁止集会和示威；宣布在近期内进行经济改革。当天中午，以苏俄总统叶利钦为首的反对派，迅速对国家紧急状态委员会作出反应，宣布国家紧急状态委员会的行动是一场“反对宪法的反动政变”，并接管俄罗斯境内的全部苏军，号召俄罗斯人民反击政变。国家紧

① 张建华：《俄国史》，人民出版社 2004 年版，第 354 页。

② 国家紧急状态委员会的成员有：苏联副总统 Г. И. 亚纳耶夫，总理 В. С. 巴甫洛夫，国防部长 Д. Т. 亚佐夫，内务部长 Б. К. 普戈，国家安全委员会主席 В. А. 克留奇科夫，苏联农民联盟主席 В. А. 斯塔罗杜布采夫，苏联国有企业联合会主义 А. И. 季贾科夫，国防会议副主席 О. Д. 巴克拉诺夫。

急状态委员会对反对派的行动没有采取积极果断的措施，致使主动权很快落入叶利钦一方。在国内外压力之下，72 小时后戈尔巴乔夫宣布重新行使权力，逮捕了国家委员会的全部成员，政变遂告失败。

“八·一九”事件后，叶利钦在俄罗斯政治领域的威望急剧上升，而苏联共产党已经无力挽救残局。1991 年 8 月 22 日，叶利钦宣布苏军中的共产党组织为非法；8 月 23 日，叶利钦下令停止苏俄境内共产党的活动，查封了苏共和俄共的中央办公大楼，没收苏共和俄国的全部财产。8 月 24 日，戈尔巴乔夫辞去苏共中央总书记的职务，要求苏共中央自行解散，各共和国内的共产党组织自行决定自己的前途。[①] 自此，共产党彻底丧失了对苏联和俄罗斯的领导权，社会主义国家苏联在事实上已经不复存在了。而各个加盟共和国在“八·一九”事件之后，纷纷宣布独立，脱离苏联。1991 年 12 月 25 日 19 时整，戈尔巴乔夫宣布辞职；次日，苏联最高苏维埃的与会代表一致通过了大会的最后一项决议，宣布苏联在法律上停止存在。

二、后苏维埃时代的俄罗斯

苏联解体后，俄罗斯的历史揭开了新的篇章，开始了新的俄罗斯联邦时代，也可以称作后苏维埃时代。从新的俄罗斯联邦成立至今，已有将近 15 年了，在这 15 年内，发生了哪些与民事诉讼法变革相关的政治事件和政体上的变动，现论述如下。

（一）俄罗斯联邦成立

如前文所述，1990 年 6 月 12 日的《苏俄主权国家宣言》标志着俄罗斯在法律上成为一个独立的国家，在 1991 年 12 月 22 日，俄罗斯又正式确立了国名、国旗和国徽。国名由原来的俄罗斯苏维埃联邦社会主义共和国即苏俄（РСФСР）改为俄罗斯联邦（Российская Федерация，РФ），国

① 张建华：《俄国史》，人民出版社 2004 年版，第 360～361 页。

旗和国徽则分别定为俄罗斯帝国时期标志白蓝红三色旗和双头鹰。至此，俄罗斯联邦正式成立，俄罗斯开始了新的联邦时代。

俄罗斯联邦成立后，面临着如何对待苏俄时期的法律以及如何制定新法律的问题：是像苏俄那样先一律废除旧法，再制定新法；还是暂时不废除苏俄时代的法律，循序渐进地制定新法律。俄罗斯联邦采取了后一种方法，即根据需要不断修改苏维埃时代的法律，暂时不另起炉灶，在修改旧法的同时，着手研究制定新的法律。早在1991年3月21日，就开始修改和补充《苏俄民事诉讼法典》，修改后的《苏俄民事诉讼法典》仍然在司法实践中适用。这样的修改几乎每年都要进行一次或者几次，一直持续到新法典出台。这样做的好处，其一是避免了立法急剧变动给司法实践带来混乱，保持了法律的稳定性；其二是避免了新法典未经调查研究就仓促出台，保证了新法典的质量；其三是根据需要小幅度修改立法，保证了立法稳定性和灵活性的统一。

（二）新政体与司法权

1993年12月12日，俄罗斯举行全民公决通过了《俄罗斯联邦宪法》，该宪法规定了宪法基本原则、联邦制度、俄罗斯联邦总统、联邦会议、俄罗斯联邦政府、司法权、地方自治、宪法的修改等内容。根据《俄罗斯联邦宪法》，俄罗斯是共和制的民主、联邦和法治国家，其国家权力在立法权、行政权和司法权分立的基础上行使，立法、行政和司法机关相互独立。这样，俄罗斯就从苏联时代议行合一的政体转型为三权分立的政体。在这种政体下司法权的构成内容及其与立法权、行政权的关系，由于与民事诉讼法的变革关系密切，故值得在此探讨。

1. 司法权的行使、实施和体系

俄罗斯在苏联时代并没有司法权的概念和称谓，在《苏联宪法》中，只是规定了“法院的组织与检察院”。其原因是苏联否定三权分立，“一切权力归苏维埃”，不可能有司法权独立存在和运作的空间。这种状况在

俄罗斯联邦宪法通过后，有了根本的改变。《俄罗斯联邦宪法》第 7 章“司法权”构建了一个独立的司法体系：（1）只有法院才能行使司法权，其他任何机关和个人，包括立法机关、行政机关、检察机关等，均不得行使司法权；（2）司法权通过民事、行政和刑事诉讼予以实施；（3）司法体系由俄罗斯联邦宪法和联邦法律确定，不允许建立任何特别法庭（《俄罗斯联邦宪法》第 118 条）。通过宪法性规范，明确司法权的行使、实施和体系规范，表明俄罗斯试图摆脱司法权受到其他机关和个人干涉的传统，建立一个现代的、独立的司法体系。

2. 法官独立（法院独立）的保障

（1）立法保障。法官独立，其仅服从俄罗斯联邦宪法和联邦法律；法院在确认国家机关或者其他机关文件不合法时，需依照法律作出判决（《俄罗斯联邦宪法》第 120 条）。与苏俄时代相比，俄罗斯联邦宪法赋予了法院审查、确认国家机关行政行为和立法行为合法性的权力，有利于构建一个独立的、具有司法权威的法院，最终实现司法公正。

（2）职位保障。法官不可撤换。法官权力的终结或者中止，需遵循联邦法律规定的程序和规范（《俄罗斯联邦宪法》第 121 条）。在苏俄时代，宪法也规定了“法官独立，仅服从法律”，但这种独立是没有人事保障的。因为苏俄实行法官选举制度，法官由上一级苏维埃选举，每个法官的任期是 5 ~ 10 年。法官在任时必须考虑，谁能决定他的命运，他能否在下次选举中被选中，等等。这种情况下，法官的职位不是可靠的，他在审理案件时必须考虑政治、人情等因素，不可能实现司法公正。俄罗斯联邦宪法建立的法官不可撤换制度，加强了法官的职位保障，创造了法官独立、公正司法的良好环境。

（3）人身保障。法官的人身不可侵犯（неприкосновенность）；未经联邦法律确定的程序，不得追究法官的刑事责任（《俄罗斯联邦宪法》第 122 条）。法官人身不可侵犯意味着，如果法官有犯罪嫌疑，不能像普通人一样被追究刑事责任。根据 1992 年《法官地位法》，只有得到法官协会

（судебное сообщество）的许可，总检察长才可以提起对法官的刑事诉讼，案件由法官协会进行审理，并作出判决。[①]

（4）法院的财政保障。法院的预算只能靠联邦财政划拨，预算应当保障法院依据联邦法律充分而独立地实现司法权（《俄罗斯联邦宪法》第124条）。通过法院的财政保障，法官才可以实现公正司法。

3. 俄罗斯联邦宪法法院

俄罗斯联邦宪法法院是俄罗斯的最高宪法监督机关，同时也是司法机关，通过宪法诉讼来独立地实现司法权。俄罗斯联邦宪法法院的目的是保护宪法的基本原则，保护公民的基本权利与自由，保障俄罗斯联邦宪法的直接权威与直接适用。[②] 俄罗斯联邦宪法法院管辖的案件主要包括审查联邦法律、法规等规范性法律文件是否符合宪法的规定，解决权力机关之间的管辖权争议，解释宪法，审查国际条约，审查对总统的指控，等等。[③]

---

① 关于法官人身保障的更多论述，参见 *Тамара Морщакова* На полпути к правосудию // Отечественные записки. 2003. № 2。

② Юридическая энциклопедия / под ред. Тихомирова М. Ю. М.，2006. С. 429.

③ 《俄罗斯联邦宪法》第125条规定："1. 俄罗斯联邦宪法法院由19名法官组成。2. 俄罗斯联邦宪法法院根据俄罗斯联邦总统、联邦委员会、国家杜马、五分之一的联邦委员会委员或者国家杜马的代表、俄罗斯联邦政府、俄罗斯联邦最高法院和俄罗斯联邦最高国家仲裁法院、俄罗斯联邦主体的立法机关和行政机关的请求，裁决以下案件是否符合俄罗斯联邦宪法：(1) 联邦法律,俄罗斯联邦总统、联邦委员会、国家杜马、俄罗斯联邦政府的规范性文件；(2) 共和国的宪法,俄罗斯联邦主体的规章、法律和其他规范性文件，就属于俄罗斯联邦国家权力机关单独管辖，或者属于俄罗斯联邦国家权力机关与俄罗斯联邦主体的国家权力机关共同管辖的事项所作出的规定；(3) 俄罗斯联邦的国家权力机关与俄罗斯联邦主体的权力机关之间所签订的条约，俄罗斯联邦主体的权力机关之间所签订的条约；(4) 俄罗斯联邦未生效的国际条约。3. 俄罗斯联邦宪法法院解决以下管辖权的争议：(1) 联邦国家权力机关之间的争议；(2) 俄罗斯联邦的国家权力机关与俄罗斯联邦主体的国家权力机关之间的争议；(3) 俄罗斯联邦主体最高国家权力机关之间的争议；4. 俄罗斯联邦宪法法院根据公民关于违反宪法性权利与自由的申请以及法院的请求，根据联邦法律规定的程序审查法律在个案中的适用是否符合宪法的规定。5. 俄罗斯联邦宪法法院根据俄罗斯联邦总统、联邦委员会、国家杜马、俄罗斯联邦政府、俄罗斯联邦主体的国家权力机关的请求，对俄罗斯联邦宪法作出解释。6. 文件或者其部分条款被确认违宪的，丧失法律效力；违反俄罗斯联邦宪法的国家条约不得生效和适用。7. 俄罗斯联邦宪法法院根据联邦委员会的请求，对俄罗斯总统犯有叛国罪和其他重罪的指控是否遵循了有关程序作出结论。"

俄罗斯联邦宪法法院的建立对于实现司法独立具有积极的作用。

（1）俄罗斯联邦宪法法院依据宪法的基本原则，审查相应的立法内容。如果立法的内容违反宪法规定的司法独立，宪法法院可以确认其全部或者部分无效，这样就在立法层面上保障了司法独立。

（2）俄罗斯联邦宪法法院“捍卫其他所有法院作为司法权主体的权利，确认国家和公民的任何行为和决定都应该成为司法审查的对象”①。这个作用是相对于苏俄时代的做法，即由国家最高立法机关——最高苏维埃最终解决一切争议。

另外，俄罗斯联邦宪法法院的判决对民事诉讼立法有深刻的影响，这个问题在后文论述。

4. 俄罗斯联邦最高法院和最高国家仲裁法院

除了宪法法院以外，俄罗斯的司法体系中还有最高法院和最高国家仲裁法院。最高法院是管辖民事、刑事和行政案件的最高司法机关，也是法律规定由普通法院管辖案件的最高司法机关。其职能有两个：一个是审判监督，另一个是就司法实践中出现的问题作出司法解释。最高国家仲裁法院是管辖经济争议案件的最高司法机关，也是法律规定由国家仲裁法院管辖案件的最高司法机关。其职能与最高法院的相同，也是审判监督和作出司法解释。

关于俄罗斯联邦宪法法院与俄罗斯联邦最高法院、俄罗斯联邦最高国家仲裁法院的关系，俄罗斯学者曾形象地描绘为树状结构②：俄罗斯联邦宪法法院在司法体系中处于最高一级，俄罗斯联邦最高法院和俄罗斯联邦国家仲裁法院则处于下一级的地位。尽管在法律地位上处于不同级别，但

---

① См.: *Тамара Морщакова* На полпути к правосудию // Отечественные записки. 2003. № 2.

② См.: *Жуйков В. М.* Судебная защита прав граждан и юридических лиц. М., 1997. С. 191 – 192.

它们是各自独立的司法机关，俄罗斯联邦最高法院和最高国家仲裁法院作为各自系统的终审法院，作出的判决具有最终的法律效力，俄罗斯联邦宪法法院无权对其判决进行再审，反之亦然。[①]

习惯上，将俄罗斯联邦最高法院及其下级法院称作"普通法院"（суды общей юрисдикции），也可以翻译成"普通管辖法院"，全俄罗斯一共有2500多个普通法院；将俄罗斯联邦最高国家仲裁法院及其下级法院称作"国家仲裁法院"，全俄罗斯一共有90个国家仲裁法院。

5. 司法权与立法权、行政权的关系

（1）总统权力与司法权的关系。首先，总统提名和任命联邦法官。根据《俄罗斯联邦宪法》第83条第6款，俄罗斯联邦总统向联邦委员会提出俄罗斯联邦宪法法院、俄罗斯联邦最高法院和俄罗斯联邦最高国家仲裁法院法官的人选，由联邦委员会进行任命；同时，总统有权任命其他联邦法院即下级联邦法院的法官。法院也有权制约总统权力。法院有确认总统的犯罪事实和认定总统犯罪的权力。根据《俄罗斯联邦宪法》第93条第1款，当俄罗斯联邦总统有实施叛国罪或者其他重罪嫌疑时，必须符合两个先决条件，国家杜马才能提出总统的罢免案：第一，经俄罗斯联邦最高法院确认总统存在犯罪行为；第二，经俄罗斯联邦宪法法院作出结论，认定总统犯罪。此外，俄罗斯联邦宪法法院也有权审查总统作出的规范性文件是否符合宪法。

（2）立法权与司法权的关系。俄罗斯废除了苏联时代由立法权监督司法权的制度，立法权与司法权的关系变为互相制约的关系。首先，立法机关（联邦委员会）有权任命俄罗斯联邦宪法法院、俄罗斯联邦最高法院和俄罗斯联邦最高国家仲裁法院的法官（《俄罗斯联邦宪法》第102条第1款）；其次，司法机关有权监督立法机关，即俄罗斯联邦宪法法

① См.：*Котов О. Ю.* Влияние решений Конституционного суда России на гражданское судопроизводство. М.，2002. С. 20－21.

院有权审查立法机关制定的联邦法律以及其他规范性法律文件是否符合宪法。

(3) 行政权与司法权的关系。首先，俄罗斯联邦政府有权制定、向国家杜马提出联邦预算，并保障联邦预算的执行（《俄罗斯联邦宪法》第114条第1款第1项)。法院系统的预算就包括在这个联邦预算中，这不能说明行政权以此要挟司法权就范，只能说明法院预算需要联邦预算的支持，这是行政权对司法权的一种关系。其次，俄罗斯联邦宪法法院有权审查政府的法令是否符合宪法的规定，有权审理政府及其公务人员的行政侵权案件。行政权与司法权的关系是保障司法独立的重要方面，要想建立独立、公正的司法体系，就必须遏制行政机关对司法机关的非法干涉。关于俄罗斯建立公正司法体系的司法改革，将在后文进行论述。

三、政治转型对民事诉讼法变革的影响

政治转型必然会引起法律的相应变化。这是因为政治与法律的关系十分紧密、不可分割。正如列宁所说：“法律是一种政治措施，是一种政治。”[①] 俄罗斯政治转型对民事诉讼法变革的影响表现如下：

(1) 新政权必然要求制定法典。苏俄成立以后，按照列宁的指示，“废除旧法律，摧毁压迫人民的机关，夺取政权，创立新法制”。[②] 同样，俄罗斯联邦成立后，先是制定了1993年《俄罗斯联邦宪法》，规定公民的自由与国家的根本制度。此后，为了稳定政局，发展资本主义经济，执行法律的社会职能，俄罗斯相继通过了刑法典、民法典、刑事诉讼法典和民事诉讼法典等主要部门法的法典。

(2) 原来法典中的政治内容，必然要被新的政治理念所替代。俄罗斯

---

① 《列宁全集（第28卷)》，人民出版社1985年版，第140页。

② 《列宁全集（第12卷)》，人民出版社1985年版，第317页。

成立后，不仅在宪法中取消了共产党的领导、建设共产主义社会、以马列主义学说为武器等苏联时代的政治内容，而且在民事诉讼法典中也尽量消除社会主义政治的痕迹。例如，1964 年《苏俄民事诉讼法典》第 2 条规定有“捍卫苏联的社会制度、国家制度、社会主义经济体系和社会主义所有制”的民事诉讼任务，这显然不符合新国家的政治理念，在新民事诉讼法典中必然会被取消。新政治理念对民事诉讼立法的影响主要有：加入“保护公民的权利与自由”的政治宣言，建立直接保护人权的诉讼机制，等等。

第二节　经济改革

在政治转型的背景下，俄罗斯根据政治需要，进行了以新自由主义为理论基础的经济改革。对这场改革的理论分析和价值判断属于经济学的研究内容，本书不予阐述，在这一节，主要论述俄罗斯经济改革的过程和经济改革对民事诉讼法变革的影响。

一、经济改革的过程

俄罗斯联邦的经济改革始于苏联时代。戈尔巴乔夫当政时，曾制定了一系列改革苏联经济的措施，例如，在 1990 年 6 月通过了《向市场经济过渡的概念》等法令。这些经济改革的措施终因苏联政局不稳和解体而告终结。真正的经济改革或者经济转轨发生在俄罗斯联邦成立之后。俄罗斯联邦的经济改革，从改革措施和方向来看，可分为两个阶段：第一个阶段是叶利钦执政时期（1991 ~ 1999 年），也可以叫作“休克疗法”阶段、改革初期；第二个阶段是普京执政时期（2000 年至今），也可以叫作经济恢复增长阶段。

（一）“休克疗法”阶段

1. 休克疗法（шоковая терапия）的概念和理论基础

所谓“休克疗法”，是一种体系化的经济改革方案，其在理论上采用西方的新自由主义学说与货币主义理论，力主推行完全的自由市场经济模式，最大限度地减少政府的作用；在具体方法上，实行激进的一步到位式的经济转轨，以实现私有化、自由化和市场化。休克疗法作为一种经济改革方案，曾在南美一些国家适用，取得了一定的积极效果。俄罗斯联邦成立后，经济凋敝，债务负担沉重，叶利钦试图借助西方的帮助，在西方理论的指导下迅速地建立市场经济体制。于是，他任命信奉新自由主义的盖达尔为俄罗斯联邦政府总理，任命美国的经济学家萨克斯为总统首席经济顾问，开始了“休克疗法”经济改革。

“休克疗法”的理论基础是西方所谓的“华盛顿共识”。它是指，由位于华盛顿的美国政府和经济学精英、国际货币基金组织和世界银行共同制定的、旨在克服一些拉美国家20世纪80年代危机的一整套政策建议，它提出包括创造蓬勃发展的私营部门、作出经济结构调整、出售国有企业、削减社会福利等项措施。按照美国学者约瑟夫·斯蒂格利茨的概括，“华盛顿共识”的实质是“主张政府的角色最小化、快速私有化和广泛自由化”。[①]

2. 休克疗法的三个主要措施

（1）商品、价格自由化（либализация цен и торговли）。1992年1月2日，俄罗斯迈出了市场经济的第一步——商品、价格自由化。政府自动放弃了对市场价格的监管，导致了商品价格的急剧失控。到当年年底时，价格涨幅竟达到了27倍，而与此同时，工资仅涨了12倍。改革并没有取得预期的居民储蓄指数化[②]，反而导致居民储蓄的贬值。政府的希望和

① 田春生：“从新自由主义学说看俄罗斯‘休克疗法’政策的失败及其原因”，载《世界社会主义研究动态》2004年第14期。

② 指数化，是指当一种事物变化时，另一种事物也按照规律随之变化。例如，当生活费上涨时，工资水平也随之提高，就可以称之为工资水平的指数化。

西方的外汇帮助都相继落空，叶利钦-盖达尔政府没能履行有社会保障的改革的承诺。① 即使是美国学者，也批评这是一种“市场原教旨主义”，即过分依赖市场的调节作用，而忽视国家调控。“这既是一种不良的经济政策，也是不良的政治政策，它建立在与市场运作有关的立论之上，这些立论甚至在发达国家也是不成立的，更别提发展中国家”。②

（2）私有化（приватизация）。1992年8月19日——“八·一九”事件一周年之际，叶利钦签署了《关于在俄罗斯联邦实施私有化证券体系》（О введении системы приватизационных чеков в Российской Федерации）的法令，标志着俄罗斯私有化浪潮的开端。1992年10月1日，国家开始向居民交付私有化证券。仅在1992年就将2.4万个企业、16万个农业组织和15%的商业网点移交给私有制。经过1992~1993年大规模的私有制，在俄罗斯出现了4000万不记名股东。从表面上看，私有化缔造了所有者阶层，但实际上却是经济的低效率和投资的不足。③ 私有化的结果是：第一，国家财产大量流入企业管理者和特权官僚手中，自然资源所有权，特别是石油和天然气，全部被垄断的寡头所征用。④ 第二，腐败现象严重，俄罗斯的一些官员成了大型企业的所有者，或者贪污受贿，聚敛了大量财富。⑤

---

① См.：*Дворниченко А. Ю.*，*Тот Ю. В.*，*Ходяков М. В.* История России. М.，2005. С. 432.

② 约瑟夫·斯蒂格利茨：《全球化及其异议》（Globalization and its Discontent），2002年。转引自田春生：“从新自由主义学说看俄罗斯‘休克疗法’政策的失败及其原因”，载《世界社会主义研究动态》2004年第14期。

③ См.：*Дворниченко А. Ю.*，*Тот Ю. В.*，*Ходяков М. В.* История России. М.，2005. С. 432-433.

④ Janos Kornai，*The Road to a Free Economy - Ten Years After.* Ten Years of Transition：Lesson Drawn，Discussed During World Bank Conference in Washington. http：//www.worldbank.org/transitionnewsletter/marapr00/pgs3-5.htm.

⑤ 1997年年底，俄罗斯发生了稿酬丑闻事件。俄罗斯副总理丘拜斯等5名政府要员合写了一本名为《俄罗斯私有化史》的书，获得了巨额稿费：每行字72美元，每页的稿酬高达几万美元。巨额稿酬是一个报业集团的老板给的，目的是答谢丘拜思等人，利用职权在国有财产拍卖中使其以低价购得大量股份。

（3）紧缩财政和货币政策，抑制通货膨胀。实行自由的市场经济以后，从政治上和经济上政府都放弃了对经济的干预，那么，在经济自由化出现了高通货膨胀和高失业率之后，政府应当如何调控经济？在这种情况下，俄罗斯政府利用了西方的货币理论，试图通过调整市场上货币的数量，来控制通货膨胀、失业率和消费品的供给。“但是，由于俄罗斯社会当时普遍存在的是一种供给短缺型的通货膨胀，国家垄断仍然严重和非货币交易的盛行，这种长期紧缩货币的政策，造成了俄罗斯生产难以恢复、企业间的实物交易与拖欠巨额债务等现象。当时俄罗斯经济状况是：货币越紧缩，生产越滑坡，货币的根基越不稳，通货膨胀压力越大。”①

3. “休克疗法”的经济社会影响

“休克疗法”基本上没有取得预期的效果，反而造成了一系列社会、经济问题：居民收入减少，轻工业、国防工业和农业经济都受到了破坏；民众的反对情绪也不断增长。1992年12月，俄罗斯联邦第七次人民代表大会接受了盖达尔的辞职，通过了叶利钦指定 В. С. 切尔诺梅尔金（Черномырдин В. С.）为政府总理的决定，“休克疗法”以替罪羊盖达尔的下台告一段落。但私有化、自由化和市场化的改革进程仍在继续。1995年，俄罗斯联邦政府制定了《1995～1997年俄罗斯经济改革与发展的规划》②。在叶利钦的授意下，这个规划轻描淡写地评价了前一阶段的改革，只是“国家停滞在严重的经济危机之中”，并提出了1995～1997年俄罗斯经济改革的目标和实现目标的制度保障，等等。然而，俄罗斯经济状况的好转，却并非一个文件所能解决。

---

① 田春生：“从新自由主义学说看俄罗斯‘休克疗法’政策的失败及其原因”，载《世界社会主义研究动态》2004年第14期。

② О программе Правительства Российской Федерации. Реформы и развитие Российской Экономики в 1995 – 1997 годах. Постановление Правительства РФ от 28 апреля 1995 г. N 439. 这个规划包括前言和八个章节。分别阐述了：俄罗斯经济改革的总结；1995～1997年改革中期的概念；微观经济政策；制度性的革新；投资计划和结构性经济改革；国内经济活动是经济革新的基本内容；社会政策；地区经济政策。

1998 年 8 月，席卷全球的经济危机，使得本来就脆弱的俄国经济雪上加霜。由于基里延科政府没能挽救残局，同年 8 月 23 日，俄罗斯又一次更换了政府总理，成立了普里马科夫政府。[①] 经济危机还引起了总统制的政治危机，人们仿佛看不到曙光。

（二）恢复增长阶段

1999 年 12 月 31 日，叶利钦通过电视台发表讲话，宣布辞去总统职位；2000 年 3 月 26 日，B. B. 普京（B. B. Путин）在总统选举中以绝对优势获胜，当选为俄罗斯联邦的第二任总统。

普京执政后进行了一系列比较稳健的经济改革，推行“可控制的市场经济”，制定了“富民强国”的基本方针，[②] 根据这一方针，既没有推行激进的自由主义经济改革，也没有回到苏联时代的计划经济，等于走了一条中间道路，这条道路强调国家的宏观调控，强调适合本国国情，强调循序渐进，强调增加居民收入。在经历了绝对强制的计划经济与绝对自由的市场经济之后，能够寻找到适合本国国情的发展道路，是一个历史进步。事实证明，到 2005 年年底，俄罗斯的 GDP 已经达到了改革前 1991 年的水平，这说明俄罗斯的经济已经复苏，并有了向前发展的迹象。

在讨论俄罗斯经济复苏的同时，应当指出其发展中的矛盾，即俄罗斯的经济复苏主要依赖能源的出口，主要是石油和天然气的出口。依靠能源出口取得经济增长，有其积极的一面，即在国际原油市场价格不断上扬的背景下，俄罗斯的石油出口量不断上升，这不仅意味着石油公司赚了更多的钱，[③] 还表明国家税收的增加和转移支付能力的提升，以及俄

---

① См.：*Короткевич В. И.* История Современной России. СПб. 2005. С. 14 – 15.

② 张建华：《俄国史》，人民出版社 2004 年版，第 398 页。

③ 1999 年，俄罗斯的石油公司得到了 7 亿卢布的收益，到了 2000 年就增长到了 17 亿卢布。См.：*Дворниченко А. Ю.*，*Тот Ю. В.*，*Ходяков М. В.* История России. М.，2005. С. 436.

罗斯中央银行外汇储备[①]越来越充足。同时，也应看到其消极的一面，即单靠能源出口不是长久之计，应当以此为契机，促进国民经济的全面发展。

二、经济改革对民事诉讼法变革的影响

俄罗斯经济改革的影响，有其积极的一面，也有其消极的一面。研究这些因素对民事诉讼法变革的影响，一方面，可以分析这些影响给民事诉讼法变革提出了哪些更复杂的问题，即民事诉讼立法如何更好地适应经济制度的变革，民事诉讼立法如何更好地解决经济改革所产生的民事纠纷和经济纠纷，民事诉讼立法如何在经济危机中更好地保障诉权，等等；另一方面，这些问题如何得以解决、解决得好不好，也是我们评价民事诉讼法变革得失的一个标准。

（一）经济改革导致民事纠纷增加

经笔者了解，1992 年，俄罗斯普通法院一共审理民事一审案件约 100 万件，到了 2004 年，这个数字达到 550 万件，这个数字里还不包括国家仲裁法院审理的一审经济案件。[②] 这个数字与我国法院审理一审民事案件的数目（这其中还包括一半左右的经济案件）大致相同[③]，如果再计算一下俄罗斯与我国的人口比例，就可以大致得出俄罗斯民事案件的发生比例要远远高于我国。俄罗斯民事案件激增的情况，与我国改革开放以来在民事、

---

① 2000 年，俄罗斯中央银行——俄罗斯银行的外汇差不多比前一年增长了 2 倍，达到 27.95 亿美元。См.：*Дворниченко А. Ю.*，*Тот Ю. В.*，*Ходяков М. В.* История России. М.，2005. С. 436.

② 这些数据来源于笔者在俄罗斯进修时的导师，俄罗斯联邦内务部圣彼得堡大学尼娜·亚力山德萝芙娜·瓦西里耶娃教授。

③ 根据我国最高人民法院进行的司法统计，2004 年我国法院受理民事案件 4 332 727 件，审结 4 303 744 件。参见“2004 年全国法院司法统计公报”，载《中华人民共和国最高人民法院公报》2005 年第 4 期。

经济审判领域发生的巨大变化十分相似。我国已有学者对这个变化进行了社会学的解释：经济关系发展的副作用是经济纠纷的大量产生，经济关系的发展和法治意识的加强又促使法院职能转换，大量经济纠纷诉至法院；而社会条件的变化和商品经济的发展，又导致传统的“调解型”的审判方式不能满足解决民事、经济纠纷的需要，“判决型”的新型审判方式应运而生。[①] 俄罗斯经济改革的副作用也同样引起了民事纠纷（这里不论述经济纠纷）的大量产生。经济改革失败产生了经济危机和经济动荡，经济危机又迅速和强劲地影响和改变了传统的社会价值，瓦解了苏联时代的社会控制。在社会中，这样一个因果链条会一直延伸开去，它不仅会影响自杀[②]，还会引起民事纠纷的激增。例如，失业、贫困和经济动荡会促使产生家庭纠纷，也会导致住房纠纷；经济动荡的时代也最容易产生劳动纠纷，致使劳资关系紧张化；垄断组织和大公司在追求利益最大化时，容易产生污染环境的生态纠纷，等等。

民事案件的激增给民事诉讼法的制定提出了一个问题：法院既然无法将这些纠纷拒之门外，那么在法官编制有限、法院经费有限和法官工作时间有限的条件下，如何提高司法效率，正确、及时地处理这些纠纷？对于民事诉讼立法来讲，解决方案就是在诉讼程序上下功夫：第一，必须构建公正、有效的简易程序体系，理顺普通程序与简易程序的关系；第二，必须构建科学和实用的诉讼程序，保证民事案件迅速审结；第三，必须理顺一审、二审和再审几个审级之间的关系，明确各个审级的职能，避免法院进行重复劳动和案件久拖不决。这些问题将在后文进行详细论述。

---

① 王亚新：“论民事、经济审判方式的改革”，载《中国社会科学》1994 年第 1 期。

② ［法］埃米尔·迪尔凯姆：《自杀论》，冯韵文译，商务印书馆 1996 年版。笔者进行这样的分析，是受迪尔凯姆《自杀论》的影响。他在书中分析了自杀现象的原因，是资本主义经济危机、科技进步、社会动荡等所致，而与心理变态、种族、遗传、自然因素的关系不大。这是一种经典的社会学分析方法。

（二）经济改革导致社会贫富差距扩大[①]

“休克疗法”致使国家财富大多落入官僚资本家和垄断资本家手中，这些人成为俄罗斯的“新贵”（новые богатые），也称作“新俄罗斯人”。而大部分俄罗斯民众，反而处于相对贫穷的景况，尽管市场上的商品丰富了，但生活水平却提升不快，甚至比苏联时代有所下降。社会贫富差距扩大，是一个明显的事实。

贫富差距的扩大是一个复杂的社会问题，法院当然无权进行干涉，本书也没有必要进行分析。本书要分析的问题是：第一，民事诉讼法如何保障当事人行使诉权；第二，使法官公正、独立审理案件的程序保障怎样构建。

（三）经济改革促生了一些“边缘性”的权利

“边缘性”的权利就是民事权利，只不过在社会经济变革的影响下，这些具体的民事权利变得日益模糊起来，显现出团体化、分散化和边缘性的特点。例如，公民的健康权，受到了环境污染的侵害，不止一个人受到了侵害，公民个人提起民事诉讼保护自己的权利是很难的，人力、物力和财力都跟不上，有必要联合其他受到同样污染的人提起共同诉讼，这就是团体化；分散化是讲，受到环境污染的人们不是特定范围的人，他们联合起来进行诉讼存在组织上和资金上的难题；边缘化，是指侵权行为实施了，权利人却很难通过诉讼来保护自己的权利，于是民事权利就逐渐失去了意义。保护“边缘性”的权利，给俄罗斯民事诉讼的变革又提出了一个问题。

---

① 列宁曾对这种资本主义式的自由主义的市场经济作出过预见性的判断，分析了其必然会导致两极分化的不平等：“只要世界上还存在着货币权力和资本权力，就不可能平均使用土地。只要还存在着市场经济，只要还保持着货币权力和资本力量，世界上任何法律都无法消灭不平等和剥削。”《列宁全集（第13卷）》，人民出版社1985年版，第124页。

（四）经济改革的好坏，决定了民事诉讼法的变革能否顺利进行、民事诉讼法能否顺利实施，这是经济基础决定上层建筑的一个表现

民事诉讼法的修改、制定与实施，从经济角度看，需要很高的运行成本。经济条件好了，国家财政收入就会增加，财政向法院、司法援助和民事诉讼划拨的经费也会随之增加，司法独立才更有保障；同时，司法改革和民事诉讼法的实施也就有了经济保障。

第三节　司法改革

前文已经论述，俄罗斯联邦宪法确定了独立的司法权，建立了司法体系。宪法层面上的司法体系是独立和公正的，但实现理想的道路却异常艰辛。俄罗斯民众对法院的态度，仍然是“缺少信任和应有的尊重，他们认为俄罗斯的法院是没有效率的、没有希望的，不客气地讲，还是贪爱贿赂的”。[①] 像任何其他国家一样，想要建立现代化的司法权，就必须进行科学的司法改革。俄罗斯联邦在建国十几年来，特别是在宪法通过以后，为了促进公正司法，采取了一些改革措施。这些措施大致可以分为两类：一类是司法制度的改革，例如，陪审制的改革，法院财政预算方面的改革，法院管理方面的改革，这些都是宏观方面的改革；另一类是诉讼程序的改革，包括民事诉讼法典与国家仲裁法典的制定，各种诉讼制度的完善，等等。本节论述的是第一种意义上的改革，即司法制度的改革；关于诉讼程序的改革，也就是诉讼程序的革新，放在后面论述。

---

① См.：*Питер Г. Соломон – мл.* Судебная реформа в России：движение сквозь вакуум // Отечественные записки. 2003. № 2. 不仅俄罗斯的民众这样认为，知识分子、法学研究人员也向笔者反映了类似的见解。

一、恢复“和解法官”（治安法官）制度

（一）和解法官的两种模式

和解法官（мировой судья）（治安法官）① 制度，在世界范围存在两种模式，不可一概而论。

1. 法国模式

在法国，和解法官（*juge de paix*）曾经是一个独立的审级，和解法官与民事法院（*les tribunaux civiles*，法国大审法院的前身）共同分享管辖权。法国的和解法官制度建立于 1790 年，当时的管辖权限比较狭窄。1903 年，考虑到货币贬值以及扩大区法院法官的权力，法律扩大了和解法官的管辖范围，此外，还规定了和解法官在诉讼开始之前有促成当事人和解的义务。尽管立法者做了很大的努力，这种和解制度取得的成效仍然很小，最终于 1949 年废除了和解法官的诉前和解制度。1958 年，法律又规定由初审法院取代治安法院。②

2. 英美模式

英美式的和解法官最早起源于英国。12 世纪晚期，英王查理一世发布谕旨，宣布在郡一级建立“和平骑士”（knights of the peace），维持治安，执行法律。到了 13 世纪，“和平骑士”被任命为“和平监护人”（*custodes pscis*），又称“和平维持者”（keeper of the peace）。1360 年，英

① 和解法官（мировой судья），类似于英国通过治安法官（magistrate，justice of peace）审判简单民事和轻微刑事案件的司法活动。我国法学界传统上将英国或者美国的“magistrate”译成“治安法官”，可能始于刑事诉讼法学界的影响。但“magistrate”不仅审理刑事案件，还审理婚姻、赡养等民事案件，译成“治安法官”就稍有不妥。笔者将俄罗斯法中的“мировой судья”译成“和解法官”，只是出于“治安”这个词出现在民事诉讼中有些唐突，并非旨在改变我国法学界约定俗成的译法。因此，在本书中，“和解法官”与“治安法官”是一个名词的两种译法，其意义完全相同。

② ［法］让·文森、塞尔日·金沙尔：《法国民事诉讼法要义（上）》，罗结珍译，中国法制出版社 2001 年版，第 339～340 页。

王爱德华三世对“和平监护人”的权限做了扩大的规定，而且使之获得了“和解法官”（justice of the peace）的头衔。1997 年，英国通过了《和解法官法》（Justices of the Peace Act 1997），标志着这个古老的制度有了现代的生命。① 英国和解法官的管辖范围同样包括轻微的刑事案件和简单的民事案件。

这两种模式的和解法官制度的区别是：第一，制度目的不同。法国模式的制度目的是体现资产阶级革命的政治目的，即法官应当距离“受法院管辖的人”比较近，有利于确保平等原则得到实际执行②；而英国模式在很长一段时间的制度目的，主要是维护国王统治和维护社会治安，管辖民事案件被放在次要地位。第二，和解法官的地位不同。在法国模式下，和解法官审理案件是审级的一部分，和解法官与普通法院的法官一样，具有独立而相同的法律地位；在英美模式下，和解法官先是上级官员的下属，后来又成为地方法院的一个附属机构。第三，和解法官审理案件的程序不同。在法国模式下，和解法官审理案件没有特别的程序，依照民事诉讼法规定的普通程序进行审理；在英美模式下，和解法官审理案件，依据不同于民事诉讼普通程序的特别程序进行。

（二）俄罗斯和解法官制度简史

和解法官制度在俄罗斯经历了两立两废的历史。

俄罗斯帝国在 1864 年的司法改革中，借鉴法国模式，建立了自己的和解法官制度。当时的和解法官作为第一审法院，负责审理诉讼标的额不超过 500 卢布的民事案件和刑罚不超过一年半有期徒刑的刑事案件。1889

① 欧阳涛、周叶谦、肖贤富、陈中天：《英美刑法刑事诉讼法概论》，中国社会科学出版社 1984 年版，第 159 ~ 161 页；L. B. Curzon, *Dictionary of Law* (6th *ed*), Pearson Education Limited, 2002, at 259.

② ［法］让·文森、塞尔日·金沙尔：《法国民事诉讼法要义（上）》，罗结珍译，中国法制出版社 2001 年版，第 339 页。

年，反对改革的沙皇亚历山大三世（Александр III）废除了 1864 年的和解法官制度。这是第一次立与废。

1912 年，沙俄又恢复了和解法官制度，这次短暂的恢复一直存续到 1917 年。1917 年十月社会主义革命后，苏俄又废除了和解法官制度。这是第二次立与废。[①]

1998 年 12 月 17 日，《俄罗斯联邦和解法官法》[②] 开始实施，标志着俄罗斯又恢复了和解法官制度，延续了沙俄时代的法律传统。

俄罗斯现阶段的和解法官制度，应当属于法国模式，不属于英国模式：

（1）从制度目的看，俄罗斯建立和解法官的目的是使民众更加接近司法。

（2）从和解法官的地位看，和解法官是一个独立的审级，虽然对和解法官作出的判决可以向联邦区法院提出上诉，但和解法官并不依附于联邦区法院。两者的关系是审级关系，而不是行政上的领导关系。

（3）从和解法官审理案件程序上看，民事诉讼法典对其并没有作出单独的规定，而是与普通管辖法院适用同样的第一审诉讼程序。

可见，俄罗斯现阶段的和解法官制度属于法国模式，尽管和解法官在法国已经被废除。

（三）俄罗斯和解法官的概念和法律特征

根据《俄罗斯联邦和解法官法》第 1 条第 1 款，和解法官是俄罗斯联邦主体的普通管辖法官，归属于俄罗斯联邦的统一司法体系。参照其他关于和解法官的立法，可以归纳出和解法官的以下法律特征。

---

① См.：Юридическая энциклопедия / под ред. Тихомирова М. Ю. М.，2006. С. 500.

② О мировых судьях в Российской федерации. 俄罗斯联邦国家杜马 1998 年 11 月 11 日通过，联邦委员会 1998 年 12 月 2 日批准，自 1998 年 12 月 17 日起施行。

1. 和解法官是地方法官

和解法官是俄罗斯各个联邦主体的法官，不是联邦法院法官。和解法官的地方性，决定了其任命方式、财政保障、物质技术保障，甚至是法庭内部陈设与联邦法院的区别。

（1）和解法官是选举产生并经地方任命的（《和解法官法》第6条），而各级联邦法官是由俄罗斯联邦最高法院院长提名，由俄罗斯联邦总统任命。

（2）和解法官的工资、社会保险等费用列入联邦财政预算，其物质、技术保障，如审判场所、办公用具、助理秘书等，则由所在联邦主体的司法行政机关或者其他行政机关解决（《和解法官法》第10条）；而联邦法官的工资和其他一切物质技术保障，全部列入俄罗斯联邦财政预算。

（3）和平法庭内部的陈设，除了竖立俄罗斯联邦国旗和悬挂俄罗斯联邦国徽之外，还可以放置所在联邦主体的旗帜和徽章（《和解法官法》第11条）；而联邦法院只可以竖立俄罗斯联邦的国旗和悬挂俄罗斯联邦的国徽，不得放置地方的旗帜和徽章。

2. 和解法官是联邦统一司法体系的组成部分

（1）和解法官以俄罗斯联邦的名义进行司法活动（《和解法官法》第1条第2款），这一点与联邦法院完全相同。

（2）和解法官作出生效判决和决定等，在俄罗斯联邦范围内具有完全的法律效力，对于俄罗斯联邦的国家机关、俄罗斯联邦主体的国家机关、地方自治组织的国家机关、社会团体、公职人员以及自然人和法人都具有法律约束力，应该在全俄罗斯的领土上得到绝对的执行（《和解法官法》第1条第3款），这种法律效力与联邦法院判决的效力是相同的。

3. 和解法官是专业法官

与英美的和解法官不同，俄罗斯的和解法官不是业余的或者是兼职的（part - time）非专业人士，而是专业化的法官，在每个工作日都进行民事、刑事和行政案件审理的全职法官。根据《俄罗斯联邦和解法官法》第5条，成为俄罗斯和解法官的条件有六个：第一，必须是年满25岁以上的俄罗斯联邦公民；第二，必须取得高等法学教育的学位；第三，必须有5年以上的司法职业经验；第四，行为端正；第五，必须通过专业考试；第六，必须有相应俄罗斯联邦主体的法官的推荐。

（四）在俄罗斯实行和解法官制度的意义

俄罗斯在司法改革的背景下，重新恢复了和解法官制度，具有以下意义。

1. 保障人民更加接近司法

首先，和解法官数量多、分布广，很多就在居民区内，便于人民群众前去进行各种诉讼活动。其次，和解法官审理案件的程序灵活，即使当事人不熟悉法律，也能表述清楚自己的主张。

2. 有利于减轻联邦法院的审判负担

有资料显示，俄罗斯的和解法官大约审理了60%的第一审民事案件。可以想象，如果这60%的大约300万件民事案件都诉至联邦法院，以联邦法院现在的编制和经费是无法应对的。由和解法官审理案件可以分流一部分民事案件，大大减轻了联邦法院的负担。

3. 简化了民事诉讼程序

和解法官审理案件的程序相对简化，其经验的积累为简化民事诉讼和刑事诉讼程序及其进一步的民主化创造了前提条件。①

和解法官审理案件的程序，将在后文进行论述。

二、废除民事陪审制

（一）俄罗斯历史上的两种陪审制

我国法学界公认的陪审制有两种模式：一种是英美法系的陪审团制，另一种是大陆法系的参审制。这两种陪审制在俄罗斯都曾经存在。

---

① *Владимир Максимов* История и современное состояние мировой юстиции в России // Отечественные записки. 2003. № 2.

1. 沙俄时期的陪审团制度

1864 年的司法改革引入了英国式的陪审团制度，规定在普通法院体系中的地方法院（окружные суды）设置陪审团（присяжный заседатель）。陪审团参加刑事案件的审理，审理结束后，法官向陪审团解释证据的效力、犯罪的性质和刑法的条文。之后，陪审团就是否存在犯罪事实和被告人的罪过进行表决，表决采取多数通过的规则。经过法官和陪审员共同审理的案件判决具有最终的法律效力。[①] 沙俄时期的陪审团仅适用于刑事案件，这里不做过多阐述。

2. 苏俄时期的人民陪审员制度（参审制）

人民陪审制是苏俄法律的一个重要内容，宪法和民事诉讼法典都规定了这个制度：苏联宪法规定，除法律规定的特别情况外，各级法院审理案件都必须有人民陪审员（народный заседатель）参加；1964 年《苏俄民事诉讼法典》第 15 条规定，第一审法院由审判员和人民陪审员组成合议庭进行审理（第 15 条）。建立人民陪审制的目的是体现社会主义民主。苏俄法学界认为，人民陪审员参加行使审判权是体现社会主义民主、实现人民参加国家管理的一种形式。[②]

人民陪审制法律性质是参审制，与沙俄时代的陪审团制度相比较，区别如下。

（1）制度目的不同。沙俄时代建立陪审团制度的目的是改革封建司法体制的弊端，通过移植西方特别是英美的陪审团，借以体现名义上的民主。苏俄时代建立人民陪审员制度的目的是体现社会主义民主。

（2）适用范围不同。沙俄时代建立的陪审团，只适用于刑事诉讼；

① См.：*Исаев И. А.* История государства и права России. М.，2006. С. 156－157.

② ［苏］А. Ф. 克列曼：《苏维埃民事诉讼》，王之相、王增润译，法律出版社 1957 年版，第 56 页；［苏］阿·阿·多勃罗沃里斯基等：《苏维埃民事诉讼》，李衍译，法律出版社 1985 年版，第 26 页。

而苏俄时代建立的人民陪审员制度，既适用于刑事诉讼，也适用于民事诉讼。

（3）陪审员的法律地位不同。沙俄体制下的陪审员，只认定刑事案件的事实问题，受到法官的控制；而苏俄体制下的陪审员，既认定案件事实问题，也决定案件的法律问题。

（二）俄罗斯联邦民事陪审制的废除

1. 废除的过程

苏联解体后，俄罗斯联邦继承了苏俄法制人民参加司法的传统。1993年《俄罗斯联邦宪法》第32条第5款规定，俄罗斯联邦的公民有权参与司法权的行使。据此，《俄罗斯联邦刑事诉讼法典》[①] 第30条第2款第2项规定，普通管辖的联邦法院法官1名和由12名陪审员组成的陪审团，根据刑事被告人的请求审理本法典第31条第3款规定的犯罪。在司法实践中，俄罗斯联邦逐步在刑事诉讼中推行建立陪审团进行审判取得了一定的成绩。[②]

而在民事诉讼中，俄罗斯却突然废除了民事诉讼中人民陪审员参加审判的制度。2000年1月2日，俄罗斯制定并生效了《俄罗斯联邦普通管辖法院人民陪审员法》[③]，该法确定了在民事诉讼中有人民陪审员参加审

---

① Уголовный процессуальный кодекс Российской Федерации. 俄罗斯联邦国家杜马2001年11月22日通过，联邦委员会2001年12月5日批准，自2005年12月18日起施行。该法典的中文译本参见《俄罗斯联邦刑事诉讼法典》，黄道秀译，中国政法大学出版社2003年版。

② 据俄罗斯联邦最高法院院长维亚切斯拉夫·列别杰夫介绍，至2002年12月31日，陪审团已在俄联邦9个主体得到采用并表现出其可行性。现在已经积累了由陪审团参与审查案件的好经验。从2003年1月1日起，开始在俄罗斯全境逐步实行陪审团制。现在，俄罗斯联邦已有69个主体有了陪审团。2002年，陪审团审议了涉及495人的刑事案件。其中421人被认定有罪，44人被认定无罪。但是，有11人的判决被最高法院否决，因为审理中违反了程序。预计2007年将完成在俄罗斯全境采用陪审团制的工作。参见"俄罗斯联邦最高法院院长维亚切斯拉夫·列别杰夫谈俄司法改革"，载《今日俄罗斯》第8（33）期。

③ О народный заседателях федеральных судов общей юрисдикции в Российской федерации.

判的制度。随后，又有法律确定了在国家仲裁程序中有仲裁陪审员（арбитражные заседатели）参加审判的制度。很少有人会预见到，俄罗斯会在民事诉讼法典中突然取消了人民陪审员制度。根据2002年11月14日《俄罗斯联邦关于施行〈俄罗斯联邦民事诉讼法典〉的联邦法律》第2条，自2003年2月1日起，《俄罗斯联邦普通管辖法院人民陪审员法》中涉及民事诉讼的部分失效。这个法律的生效，标志着俄罗斯已经废除民事陪审制。今后的民事案件，一律由法官（包括和解法官和职业法官）进行审理和判决。

2. 存废之争

取消民事陪审制，在俄罗斯民事诉讼法学界引起了轩然大波。有许多学者提出了坚决的反对意见，认为取消民事陪审制是“可怕的和难以理解的”。其理由是：（1）民事陪审制是一个传统的制度，它有利于防止司法腐败，是司法民主的标志。[①]（2）庭审不是学术会议，庭审的内容和判决的结果，应该让普通公民理解和接受，所以保留人民陪审制是必要的。（3）《俄罗斯联邦宪法》规定，公民有权参加司法权的行使，取消民事陪审制就等于阻碍了公民参加司法权的行使。

有的学者坚决赞同取消陪审制。理由是：（1）司法是一个专业化程度很深的活动，人民陪审员法律素质不高，参加民事诉讼审理的积极性不强，应该予以废除。（2）在司法实践中，人民陪审起的作用不大，他们参加审判案件完全受到法官意识的支配，废除民事陪审制是有必要的。

这两种观点的交锋，各自有其深刻、充分的理由和根据，判断孰优孰劣，作出公正的定论是一个非常复杂的问题。笔者认为，不应该就事论事地探讨民事陪审制的存废，而应该联系适用陪审制的社会经济条件、保障司法公正和司法效率等问题进行分析，或许会得到更加科学的结论。

---

① См.: *Александр Ворнов* О некоторых достоинствах и недостатках Гражданского процессуального кодекса // Отечественные записки. 2003. № 2.

（1）俄罗斯现阶段的社会经济状况决定了民事陪审制没有良好的适用空间。社会经济学告诉我们，“人的实际行为受到以‘经济的实际情况’为取向的必要性所制约，它把人的实际行为放在经济的实际情况的相互联系中加以考察”①。前文已经论述，俄罗斯经历了严重的经济危机，近一两年才有所好转，国民经济刚刚恢复到苏联解体前的水平。经济危机、政治动荡等，社会学将其概括为“失范”（anomie），这种失范最容易使传统价值观念瓦解，例如，缺乏目标、没有组织、过于盲目，反对传统，反对传统的解决方法。② 在社会失范的背景下，传统社会、传统价值观土壤上建立起来的民事陪审制出现了结构性的制度问题：从内部结构来讲，公民已经失去参加陪审的积极性；从外部结构来看，人们对法院存在信任危机，人民陪审员又非常容易被别人操纵（如政府、黑社会、当事人的贿赂），人们不可能像过去一样相信人民陪审员。这种结构性的制度问题，不仅在俄罗斯存在，在西方国家同样存在。就是在这样的社会背景下，法国、德国、意大利、英国等国相继废除了民事陪审制，美国的民事陪审制也开始走下坡路。

（2）从保障司法公正的角度看，废除民事陪审制，有利于实现真正的司法公正。从能否实现公正来讲，人民陪审员熟悉社会生活，他们参加审理一定有利于法院判决更加符合现实生活，更具有可接受性；但从另一个方面看，法院的判决是依照证据认定的事实严格适用实体法所作出的，尽管可能不符合现实生活、不符合生活中的情理，但法院判决的效力是不能打折扣的。前一种公正，是生活层面的公正；后一种公正，是法律层面的公正。两者相比，后者才是对每一个社会成员的公正。

（3）从司法效率的角度看，废除民事陪审制有利于实现司法效率。

---

① ［德］马克斯·韦伯：《经济与社会（上卷）》，林荣远译，商务印书馆2004年版，第346页。

② ［美］文森特·帕里罗、约翰·史汀森、阿黛思·史汀森：《当代社会问题》，周兵、单弘、蔡翔译，华夏出版社2002年版，第36～37页。

人民陪审员参加案件审理，审判组织形式必然是合议制，不可能是独任制，合议制的司法效率要低于独任制。原因是：第一，法官与人民陪审员之间互相牵制，浪费了不少时间，因为法官本来可以独自审理案件，现在加上了两个人民陪审员，必然要浪费不少沟通和协调的时间。第二，人民陪审员没有法律专业知识，审判民事案件必然费时费力，法官必然要向其解释证据的效力、法律事实的认定、法律的适用等问题，又浪费了一些解释的时间。

俄罗斯民事陪审制的废除，对民事诉讼法的变革有一定的影响：第一，它改变了传统的审判组织结构，建立了新型的审判组织；第二，它有利于构建公正、效率权威的司法权，有利于民事诉讼法变革目标的实现。当然，特定国家的制度总是适应于特定国家的国情，俄罗斯民事陪审制的废除只是一个历史的选项。陪审制是一个非常复杂的问题，涉及民事诉讼中各种理念的冲突与平衡，例如，司法民主化与司法精英化，司法大众化与司法专业化，司法封闭化与司法开放化。我们很难评价一个国家陪审制度的有无是否具有正当性，总要观察其实施的效果是否理想，是否满足了民众对司法公正的需要。这万变中的不变，可能就是民事诉讼的一种内在的规律性吧。

三、改革法院的财政保障

（一）财政保障的意义

法院的财政保障，表面上看是经费的问题，实际上对于实现民事诉讼法的任务与实现司法公正具有重要意义。

1. 保障实现民事诉讼法的目的

民事诉讼法规定的保障私权、解决纠纷等目的，是通过民事诉讼活动来实现的。民事诉讼活动，从诉讼法的角度看，是程序的运作和制度的实施。

从经济的角度看，诉讼活动却是一个消费的过程：为了获得公正的判决，法院得支付一系列的金钱，如法官及其辅助人员的工资和社会保险金、法院的综合办公楼和办公用品、法院的日常开支、各种诉讼制度和诉讼程序的运行成本，等等。如果没有财政保障，法院就不可能正常地进行民事诉讼活动，民事诉讼法的目的也就无从谈起。

2. 保障实现法院独立

前文已经提到，法院独立有许多种保障措施，财政保障是其中的一个重要方面。如果法院的经费没有保障，法院只能依赖于行政机关的“恩典”，“恩典”就是可给可不给，可多给亦可少给，法院独立只能是一句空话。

3. 保障实现司法公正

司法改革的终极目标之一是实现司法公正，司法公正同样需要经费上的保障。2001 年 11 月 28 日，俄罗斯联邦政府批准了《2002～2006 年俄罗斯司法体系发展纲要》，要彻底执行这个纲要，俄罗斯联邦政府需支出 450 亿卢布的经费。① 这个数字，感性地说明了财政保障对于实现司法公正的意义。

（二）现行财政保障体制

《俄罗斯联邦宪法》和《俄罗斯联邦法院财政法》确定了法院财政保障的基本制度。

1. 拨款体制

所有法院的经费均由联邦财政拨款。联邦财政预算每年都需单独列出保障各级法院活动的经费，包括宪法法院系统、最高法院系统和最高国家仲裁法院系统所有法院的活动经费。

---

① 《俄罗斯联邦刑事诉讼法典》，黄道秀译，中国政法大学出版社 2002 年版，К·Ф·古岑科所著中文版序言，第 16 页。

2. 预算的制定体制

俄罗斯联邦政府在制定下一财政年度联办预算草案时，应当考虑到俄罗斯联邦法院的法官和所有工作人员、俄罗斯联邦最高法院司法局的物质保障，应当考虑到法官及其家庭的社会保障，以及保障俄罗斯联邦法院实现司法公正、保障法律秩序和巩固国家证券的资金。

3. 预算的执行体制

保障法院活动的预算需得到全面、严格的执行。如果联邦政府在执行年度司法预算时，削减了预算额不超过5%的，须经俄罗斯联邦法官委员会同意，方可执行；如果联邦政府在执行年度司法预算时，削减了预算额在5%以上的，须经俄罗斯联邦全俄罗斯法官大会同意，方可执行。法院在得到财政拨款后，有权依照联邦法律自由地支配资金。

（三）存在的问题与改革

由于俄罗斯的经济状况欠佳，联邦政府的财政资金不可能按时、全额地划拨给各级法院。这就产生了许多相关的问题，给法院的财政保障带来了困难。

1. 联邦政府未尽财政义务

造成这种后果的原因有两个：一个是外因，即外部经济环境的原因，联邦政府的财政收入减少，无法履行财政义务；另一个是内因，即联邦政府为了抑制通货膨胀，采取了紧缩的财政政策，财政转移支付给法院的经费自然就会随之减少。由于联邦政府未能全部履行义务，致使法院的资金出现了危机。最严重的危机发生于1997～1998年，这时也是金融危机最严重的时候，此时发生了“法院院长向地方行政机关甚至是私人赞助人借钱”① 的事情，司法独立和司法公正都受到了负面影响。

---

① См.：*Питер Г. Соломон – мл.* Судебная реформа в России：движение сквось вакуум // Отечественные записки. 2003. № 2.

普京就任总统职务以来，法院财政保障的情况有所好转，究其原因有二：

（1）通过出口石油、天然气创造财政收入。联邦财政资金充足了，给法院的拨款自然一步到位。

（2）通过立法强制保障法院财政资金的到位。根据《2002～2006 年俄罗斯司法体系发展纲要》，联邦政府制定了 2002～2006 年每一年向法院拨款的数额，从立法层面解决了法院资金不到位的问题（见表 1、图 1）。

表 1　2002～2006 年联邦政府向法院拨款的数额

	2002～2006 年共计	单位：一百万卢布				
		2002 年	2003 年	2004 年	2005 年	2006 年
财政保障规划共计	44 865.6	7792	8463.2	8387.5	9303.1	10 719.8
其中国家资本投入	7042.3	1819.2	1505.8	1387.4	1165.5	1164.4

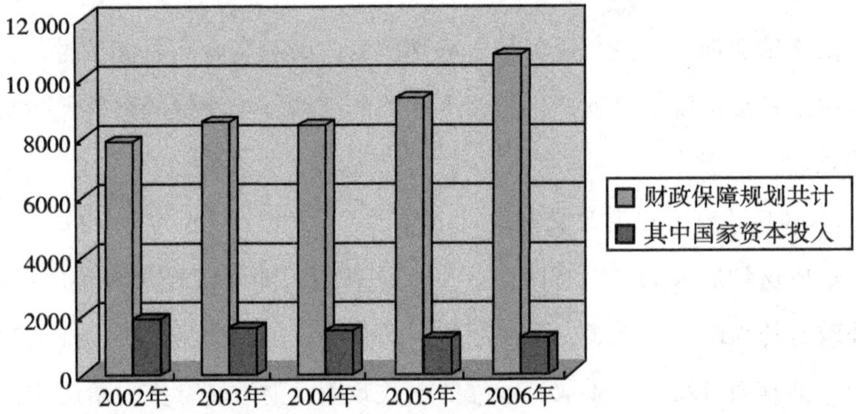

图 1　2002～2006 年国家资本投入与财政保障规划对比

2. 财政资金分配的结构性矛盾

如果将法院、内务部与检察机关、司法部得到的财政拨款进行比较，就会发现财政资金分配的结构性矛盾，如表 2 和图 2 所示①：

① См.: *Владимир Максимов* Федеральная целевая программа "Развитие судебной системы России" на 2002–2006 годы // Отечественные записки. 2003. № 2.

表 2 法院、内务部与检察机关、司法部获得财政拨款的比较（2000 年）

	联邦预算 单位：一千卢布	每个居民均摊的费用 单位：卢布	均摊的比例 百分比
法院	8 277 894	56. 73	14. 37
内务部（MBД）与检察机关	31 467 600	215. 64	54. 63
刑事执行体系（司法部）	17 855 600	122. 36	31. 00
共计	57 601 094	394. 73	100. 00

资料来源：俄罗斯联邦财政部关于执行 2000 年联邦财政预算的报告。

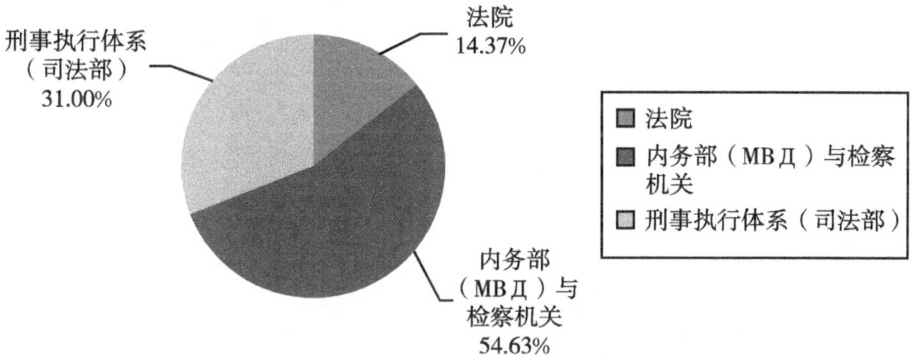

图 2 法院、内务部与检察机关、司法部获得财政拨款的比较（2000 年）

根据表 2 所示，法院联邦预算的数额，比司法部要少 2 倍，比内务部和检察院要少 4 倍；如果将法院预算分摊给全国的居民，则每人可得到 56. 73 卢布，大概相当于人民币 16 元。这些数据表明：第一，俄罗斯在司法方面完全是一个发展中国家；[①] 第二，法院的预算少，内务部、检察院和司法部的预算多，说明俄罗斯司法预算分配存在结构性的矛盾。第三，在财政资金有限的情况下（财政资金在任何国家都是有限的），俄罗斯联

① 根据一家机构的调查，抽取了 11 个发展中国家和 15 个工业发达国家，分别比较其警察、法院和刑事执行系统的财政拨款，分摊到人头上的比例。结果是：在发达国家，警察 76 美元，法院 22 美元，刑事执行系统 11 美元；而在发展中国家，警察 52 美元，法院 1 美元，刑事执行系统 10 美元。发展中国家只能优先考虑社会治安问题，故将有限的资金大量投入警察机关；发达国家投入警察机关的财政资金比发展中国家投入的更多，但投入到法院的财政资金要比发展中国家多 21 倍。*See* Public Financing of Judicial System. A Review of International Practice. Georgia State University, Andrew Young School of Police Studies Atlanta, Georgia, June 4, 2001.

邦政府必须在分配时作出选择，选择的依据就是联邦政府的根本利益：保障国家安全和社会治安当然排在首位，所以给内务部和检察院的资金最多；其次是刑事执行机关；最后是解决民事纠纷和进行刑事、行政审判的法院。

联邦财政资金是有限的，改革的方案只能是在保证社会稳定的前提下调整分配的比例。建立一个有财政保障的法院体系，为民事诉讼法的变革与民事诉讼的运行提供了良好的财政保障。

第三章
《俄罗斯联邦民事诉讼法典》概述

在政治转型、经济改革和司法改革的社会背景下，俄罗斯民事诉讼法的变革终于有了阶段性的成果——《俄罗斯联邦民事诉讼法典》。本章论述这个法典的制定过程和体例结构，目的是在论述法典的内容之前，先对法典进行形式的、宏观的考察。

第一节 《俄罗斯联邦民事诉讼法典》的制定过程

俄罗斯联邦成立后，面临着全面改革苏俄时期立法的任务，民事诉讼法的修改与制定被提到了立法者的议事日程。这就出现了一个问题，立法不可能一蹴而就，新的政治制度与经济现实又要求有一部新的民事诉讼法典，越快越好。这种对立法速度的需要与法典质量的矛盾如何解决？民事诉讼法典的起草过程如何？本节就这些问题展开论述。

一、《俄罗斯联邦民事诉讼法典》的制定经过

俄罗斯联邦民事诉讼法典的起草工作，从1990年俄罗斯独立以后，就已经开始了，一直到2002年俄罗斯联邦国家杜马通过民事诉讼法典为止，持续了12年左右。12年，对于起草一部法典来说，并不算很长，德

国民法典起草的过程就有22年。[①]

（一）《俄罗斯联邦民事诉讼法典》的起草过程

俄罗斯起草民事诉讼法典的过程，可以分为以下三个阶段。

1. 发起研究阶段

1990年，俄罗斯的民事诉讼法学界开始研究民事诉讼法的修改问题，研究的方向有两个：一个方向是研究民事诉讼法的具体制度问题，这属于微观上的研究；另一个方向是研究未来民事诉讼法典的结构与体例，这属于宏观上的研究。[②] 这些研究进行得不是很深入，不能说为民事诉讼法的制定奠定了理论基础，但起码说有利于民事诉讼法的起草，对起草工作有一定的影响。

2. 法典起草阶段

1993年5月，根据俄罗斯司法部部长（Министр юстиции）的命令，成立了民事诉讼法典起草小组，起草小组由司法实践部门的法官和民事诉讼法学界的学者组成。小组组长由俄罗斯联邦最高法院副院长和莫斯科大

---

① 以德国民法典为例：1874年2月28日，德国成立了准备委员会，决定制定民法典的计划。1874年6月22日，帝国参议院设立了一个由11名委员组成的委员会（由民法学家温德莎德担任组长），从事起草工作。这个委员会工作了十余年，于1887年年末完成草案。1888年1月31日将此草案（称为第一草案）连同5卷理由书一并公布，供公众讨论。第一草案受到各方的批评。帝国司法部将各种意见汇集（达6册之多）后，参议院于1890年又任命一个新的委员会对第一草案进行讨论。1895年完成了第二草案，将之提交参议院。参议院略作修改后，1896年1月17日帝国首相将此草案连同司法局的意见书提交帝国议会，为第三草案。议会指定了一个委员会对之进行了53次审议，于1896年7月1日通过了草案。1896年7月14日参议院同意，同年8月18日皇帝批准，同年8月24日公布，定于1900年1月1日起施行。从1874年开始起草，到1896年通过草案，一共是22年多的时间。参见谢怀栻：《外国民商法精要》，法律出版社2002年版，第80~81页。

② См.：Инициативный проект. Основы гражданско－процессуального законодательства Союза ССР и союзных республик // Сов. гос. и право. 1991. № 6; *Мурадьян Э. М.* К проекту Гражданско－процессуального кодекса Российской Федерации // Судебная власть：надежды и реальность. М.，1993. С. 113－125; *Сахнова Т. В.* О структуре будущего Гражданско－процессуального кодекса Российской Федерации. // Судебная власть：надежды и реальность. М.，1993. С. 126－142.

学法律系民事诉讼教研室主任 M. K. 特烈乌什尼科夫（Михаил Константинович Треушников）教授共同担任，小组成员有国立莫斯科大学法律系民事诉讼教研室教授 B. M. 舍尔斯秋克（Владимир Михайлович Шерстюк），俄罗斯联邦最高法院的法官以及莫斯科联邦直辖市法院的法官。起草工作从 1993 年 6 月正式开始。

起草小组在构建民事诉讼法典体系结构的同时，重点研究和解决了以下十个问题以及将其纳入法典的现实性问题：

（1）完善民事诉讼法的基本原则，首先是处分原则（диспозитивность）和辩论原则（состязательность）；

（2）理顺独任制和合议制之间的关系，扩大独任制的适用范围；

（3）提高法院在民事诉讼中的作用，确定法院职权的范围；

（4）构建民事简易程序（упрощенное судопроизводство）；

（5）引入和平司法制度（мировая юстиция）审理民事案件；

（6）确定检察长在民事诉讼中的地位；

（7）在民事诉讼法典中，构建审理行政法律关系和其他公共法律关系案件的程序；

（8）构建对和解法官作出的判决和裁定，进行上诉和抗诉程序；

（9）改革和完善再审程序；

（10）理顺民事诉讼法规定的执行程序与执行法规定的执行程序的关系。[①]

此外，起草小组还研究和解决了与上述问题相关的重要问题。到 1995 年，起草小组就制定好了民事诉讼法典的第一个草案。

3. 修改完善阶段

任何法典草案都不可能是十全十美的，民事诉讼法典草案经历了数次

---

① См.：Комментарий к Гражданскому процессуальному кодексу Российской Федерации / Под ред. М. С. Шакарян. М.，2003. С. 5.

讨论和修改。例如，1997 年 4 月 24 ~ 25 日，在莫斯科举行了专门的民事诉讼法典草案研讨会，学者和司法实践部门的人员对民事诉讼法典草案进行了全面的讨论，提出了许多建设性的修改建议。

有一些问题是容易达成共识的，例如，构建民事简易程序、引入和平司法制度、改革再审程序。许多问题是极具有争议性的，例如，民事陪审制的存废问题、检察长参加民事诉讼的问题、缺席审判程序。这些争论的问题，放在后面进行论述。

经过学术界与实务界的不断讨论，民事诉讼法典草案几易其稿，虽然尚存争议，但草案吸取了各个方面的意见，逐步走向了成熟。

（二）《俄罗斯联邦民事诉讼法典》的出台

2002 年，民事诉讼法典草案被提交到俄罗斯联邦国家杜马。同年 9 月 23 日，国家杜马通过了《俄罗斯联邦民事诉讼法典》；同年 10 月 30 日，俄罗斯联邦联邦委员会批准了该法典；2002 年 11 月 14 日，俄罗斯总统签署了该法典。《俄罗斯联邦民事诉讼法典》于 2003 年 2 月 1 日起正式施行。

俄罗斯联邦民事诉讼法典的出台，标志着俄罗斯司法改革有了实质性的突破，标志着俄罗斯民事诉讼法的变革取得了阶段性成果。前后十余年的起草研究工作，也随之完成了使命，留给人们的是思考与评价。

二、《俄罗斯联邦民事诉讼法典》制定过程的特点

纵观俄罗斯起草和通过民事诉讼法典的过程，具有以下特点。

（一）法典起草与对现行法的修订同时进行

2002 年《俄罗斯联邦民事诉讼法典》中的许多内容实际上在通过之前就已经实现。原因是，1995 年起草的法典草案，由于内容不够成熟，以及民法典还未通过等原因，一直没有能够提交给国家杜马。前文提过，

对立法速度的需求往往与立法质量是矛盾的，在新法典没有通过之前，如何满足现实对法律的需求？俄罗斯采取了不断修订现行《苏俄民事诉讼法典》的做法，以保证现实的法律需求，同时不影响起草法典的质量。在各种讨论民事诉讼法典草案的会议上，法官和学者们也都赞成先通过一些草案的规定，以满足司法实践的需要。因此，俄罗斯联邦最高法院两次向国家杜马提交了关于修订和增补《苏俄民事诉讼法典》的法案，这两个法案分别于1995年和2000年通过（1995年10月30日和2000年8月7日）。对1964年《苏俄民事诉讼法典》的修订和增补，使得新法典草案的部分规定提前得以实施。这些修订主要包括一些概念性的规定，例如，扩大辩论原则和处分原则的适用范围，构建民事简易程序，确定和解法官的管辖权，构建对和解法官判决的上诉程序，确定法院在审理和判决民事案件中职权行使的范围。所有这些修订和补充《苏俄民事诉讼法典》的规定，除了个别的例外，最终都确定在2002年《俄罗斯联邦民事诉讼法典》中，都没有任何实质的改变。①

（二）法典起草与司法实践的良性互动

前面已经提及，在将民事诉讼法典草案提交国家杜马之前，草案规定的一些重要制度已经在司法实践中得以实施。这样做的好处有两个：一是发现法典草案存在的问题，以便立法者适时地对相关规定进行必要的修改。例如，关于监督原告放弃诉讼请求的规定，法院命令程序和缺席审判程序等都存在制度设计上的缺陷，经过司法实践的检验发现问题并适时改正，对立法者来说，是一个难得的机会和手段。② 二是经过司法实践的反馈并适时修改，法典的质量提高了。不仅加强了对司法实践的指导意义，

---

① См.：Комментарий к Гражданскому процессуальному кодексу Российской Федерации / Под ред. М. С. Шакарян. Москва, 2003. С. 5 – 6.

② См.：Комментарий к Гражданскому процессуальному кодексу Российской Федерации / Под ред. М. С. Шакарян. Москва, 2003. С. 6.

也保证了民事诉讼立法的稳定性。这就是法典起草与司法实践的良性互动。

（三）注重民事诉讼法与相关部门法、俄罗斯联邦宪法法院判决的结合与协调

（1）注重民事诉讼法和民法的结合。在2002年《俄罗斯联邦民事诉讼法典》中，确立了维护民事主体的权利、自由和合法利益的民事诉讼任务（第2条），这反映了立法者保障私权的民事诉讼目的观。这种诉讼目的必然要求在立法时注重程序法与实体法的紧密结合。实际上，之所以民事诉讼法典迟迟不能通过，一个重要原因就是《俄罗斯联邦民法典》① 的第三部分和第四部分一直没有通过，所以不能通过民事诉讼法典。直至2001年民法典第三部分通过，民事诉讼法典草案才提交国家杜马。民事诉讼法典的许多内容都与民法典等实体法规范相匹配，有利于保障民事主体权利的实现。以民事诉讼法典第11章“命令程序”为例，规定了通过简便、快捷、经济的方式实现民事实体权利的程序，这些权利分别归属于民法典、家庭法典、票据法等实体法。有关命令程序的规定，同时也体现了立法者将民事诉讼法与公证法、强制执行法、行政程序法等程序法系统化的思想，通过各个子系统之间的互相协调，达到整个解决纠纷的体系的结构优化。

（2）遵守俄罗斯联邦宪法法院判决，使民事诉讼立法与宪法规定相协调。俄罗斯联邦宪法法院的判决对民事诉讼法的变革有三个方面的影响：第一，宪法法院的判决扩大了司法保护的范围；第二，宪法法院的判决消除了获得司法保护权实现过程中的程序性障碍；第三，宪法法院的判决消除了保障公民获得司法保护权的程序性矛盾。② 这里仅选择第一个方

---

① 《俄罗斯联邦民法典》第一部分与第二部分的中文译本，参见《俄罗斯联邦民法典》，黄道秀、李永军、鄢一美译，中国大百科全书出版社1999年版。

② См.：*Котов О. Ю.* Влияние Конституционного суда России на гражданское судопроизводство. М.，2002. С. 5－11.

面的影响进行论述。

1998 年 3 月 16 日，民事诉讼法典草案正在起草中，俄罗斯联邦宪法法院作出了“关于《苏俄刑事诉讼法典》第 44 条与《苏俄民事诉讼法典》第 123 条的宪法性审查”的判决①。这个诉讼是两个案件的合并审理，一个案件是公民 H. A. 卡瓦列夫诉《苏俄刑事诉讼法典》第 44 条侵害其宪法权利，另一个案件是公民 H. A. 卡瓦列夫、P. K. 卡拉巴耶夫、C. Ю. 卡拉巴耶娃诉《苏俄民事诉讼法典》第 123 条侵害其宪法权利。本书仅探讨第二个有关民事诉讼法规范违宪的案件。

上述三个申请人向俄罗斯联邦宪法法院诉称：1994 年 3 月，上述三个申请人在斯塔夫罗波尔市“工业区”的区法院进行诉讼的民事案件，被斯塔夫罗波尔边疆区法院（Ставропольский краевый суд）裁定移送到了该市“十月区”区法院进行审理。移送案件的法律依据是《苏俄民事诉讼法典》第 123 条第 1 款和第 2 款：“在个别情况下，为了最迅速和最正确地审理案件，以及更好地保障法院审理的教育作用，在法院开庭审理案件之前，可以将案件从管辖该案的法院移送至另一个法院。”“根据前款规定，在自治共和国、边疆区、州、市、自治州或者自治区范围内，将案件从一个区（市）人民法院移送至另一个法院的问题，由相应的自治共和国法院的院长，边疆区、州、市法院以及自治州、自治区法院的院长决定。”申请人主张，上述民事案件的判决是非法的，因为案件不是由有管辖权的法院（工业区法院）审理的。他们认为，《苏俄民事诉讼法典》第 123 条允许将民事案件由一个法院移送至另一个法院的规定，违反了受《俄罗斯联邦宪法》第 47 条保障的宪法性权利。

俄罗斯联邦宪法法院作出的这个判决，影响了俄罗斯联邦民事诉讼法

---

① См.：Постановление Конституционного Суда РФ “По делу о проверке конституционность ст. 44 УПК РСФСР и ст. 123 ГПК РСФСР” от 16 марта 1998 г. // Сборник постановлений и определений Конституционного Суда РФ 1997 – 1998. С. 220.

典的制定，《俄罗斯联邦民事诉讼法典》最终取消了《苏俄民事诉讼法典》第123条的规定。

第二节　《俄罗斯联邦民事诉讼法典》的体例结构

一、《俄罗斯联邦民事诉讼法典》的体例结构

2002年《俄罗斯联邦民事诉讼法典》分为七编，采用总则分则式的立法体例，以总则编概括、统领分则编，以分则编体现、落实总则编。

（一）总则编

总则编的立法体例是大陆法系国家民事诉讼立法的通例，总则也就是适用于一切诉讼程序的通则。这种立法技术采用抽象归纳的方法，将各种诉讼程序的共通之处提炼出来，将其排列在法典的第一编，统领法典构建的各种程序。因此，有苏俄学者将民事诉讼法典总则编称为："对一切种类的民事案件和民事诉讼的一切阶段具有共同意义的规范"①。

2002年《俄罗斯联邦民事诉讼法典》的总则编，一共包括十章，分为下列五种原则或者制度：

（1）民事诉讼法的基本规定（第一章）。这些基本规定具体有：①民事诉讼法的渊源；②民事诉讼的任务；③民事诉讼法的基本原则，即平等原则、辩论原则和处分原则等。这些基本规定又构成总则编的"总则"，统领总则编的其他制度或者规范。

---

① ［苏］A. Ф. 克列曼：《苏维埃民事诉讼》，王之相、王增润译，法律出版社1957年版，第33页。

（2）主管与管辖制度（第三章）。主管与管辖解决民事案件在什么法院以及在哪一级法院进行诉讼的问题。

（3）有关民事诉讼主体的制度，包括法院的组成与回避（第二章），案件参加人（第四章），诉讼代理（第五章）。

（4）证据制度（第六章），包括证据与证明两个方面。

（5）有关保障民事诉讼顺利进行的制度，包括诉讼费用（第七章），诉讼罚金（第八章），诉讼期间（第九章），法院的通知与传唤（第十章）。

（二）分则编

2002年《俄罗斯联邦民事诉讼法典》的分则编一共有六编，分为以下三种程序：

（1）审判程序。审判程序包括：①第一审程序（第二编）。第一审程序又可以分为四种程序：第一，法院命令程序；第二，诉讼程序；第三，公共法律关系案件的诉讼程序；第四，特别程序。②第二审程序（第三编）。第二审程序又包括对和解法官作出的判决裁定的上诉程序（аппелеция）和撤销程序（кассация）。③再审程序（第四编）。④涉外民事诉讼程序（第五编）。

（2）撤销仲裁裁决与执行仲裁裁决的程序（第六编）。

（3）执行程序（第七编），即规定执行中裁判性事项的程序。

总则编与分则编的关系是：①分则编作为一种法律规范而言，其出现在法律史上的时间要早于总则编；②总则编是抽象概括的产物，其抽象概括的基础在于分则编；③总则编规定原则与制度，分则编规定具体的诉讼程序，总则编的原则与制度可以具体地适用于分则编的诉讼程序。

二、新旧法典体例结构的比较

2002年《俄罗斯联邦民事诉讼法典》相比1964年《苏俄民事诉讼法典》，有哪些体例机构上的变化，通过下面的图表可以直观地观察出来（见表3）。

表3　新旧法典体例结构比较

1964 年《苏俄民事诉讼法典》	2002 年《俄罗斯联邦民事诉讼法典》
第一编　总则	**第一编　总则**
第一章　基本原则	第一章　基本规定
第二章　审判组织和回避	第二章　法庭的组成和回避
第三章　主管	第三章　主管与管辖
第四章　案件参加人	第四章　案件参加人
第五章　诉讼代理	第五章　诉讼代理
第六章　证据	第六章　证据与证明
第七章　诉讼费用	第七章　诉讼费用
第八章　诉讼罚金	第八章　诉讼罚金
第九章　诉讼期间	第九章　诉讼期间
第十章　法院的通知和传唤	第十章　法院的通知和传唤
第二编　第一审程序	**第二编　第一审程序**
	第一分编　命令程序
	第十一章　命令程序
第一分编　诉讼程序	**第二分编　诉讼程序**
第十一章　管辖	
第十二章　起诉	第十二章　起诉
第十三章　诉讼保全	第十三章　诉讼保全
第十四章　法庭审理民事案件的准备	第十四章　法庭审理案件的准备
第十五章　法庭审理	第十五章　法庭审理
第十六章　法院判决	第十六章　法院判决
第十七章　审理案件程序的中止	第十七章　审理案件程序的中止
第十八章　审理案件程序的终结	第十八章　审理案件程序的终结
第十九章　对诉讼请求不予审理	第十九章　对诉讼请求不予审理
第二十章　法院裁定	第二十章　法院裁定
第二十一章　笔录	第二十一章　笔录
	第二十二章　缺席判决

续表

1964 年《苏俄民事诉讼法典》	2002 年《俄罗斯联邦民事诉讼法典》
第二分编　行政法律关系案件的诉讼程序	**第三分编　公共法律关系案件的诉讼程序**
第二十二章　一般规定	第二十三章　一般规定
第二十三章　对选民名单错误提出申诉的案件	第二十四章　认定规范性法律文件全部或者部分无效案件的诉讼程序
第二十四章　对行政机关行为的申诉	第二十五章　对国家权力机关、地方自治机关、公职人员和自治地方工作人员的决定、行为（不作为）提出争议案件的诉讼程序
第二十五章　向公民追索国家和地方税收、税捐、强制定额保险金和公益捐款的拖欠案件	第二十六章　维护公民选举权和参加全民公决权力案件的诉讼程序
第三分编　特别程序	**第四分编　特别程序**
第二十六章　一般规定	第二十七章　一般规定
第二十七章　认定法律事实	第二十八章　认定法律事实
	第二十九章　收养
第二十八章　认定公民失踪和宣告公民死亡	第三十章　认定公民失踪和宣告公民死亡
第二十九章　认定公民限制行为能力或者无行为能力	第三十一章　限制公民行为能力，认定公民无行为能力，限制或者剥夺年满十四岁不满十八岁的未成年人独立处分自己收入的权利
	第三十二章　宣告未成年人具有完全行为能力
第三十章　认定财产无主	第三十三章　认定动产为无主财产或者认定自治地方对无主不动产的所有权
第三十三章　恢复遗失的不记名有价证券的权利	第三十四章　恢复遗失的不记名有价证券或者凭证式有价证券的权利（公示催告程序）
	第三十五章　将公民强制安置到精神病院住院机构和强制进行精神病检查

续表

1964 年《苏俄民事诉讼法典》	2002 年《俄罗斯联邦民事诉讼法典》
第三十一章　认定户籍登记错误	第三十六章　更正或者修改户籍登记错误案件的审理
第三十二章　对公证行为或者拒绝实施公证行为申请的审理	第三十七章　对已实施公证行为或者拒绝实施公证行为申请的审理
	第三十八章　恢复已经终结的诉讼程序
第三编　上诉程序	**第三编　第二审程序**
第三十四章　对法院判决的上诉和抗诉	第三十九章　对和解法官作出判决裁定的上诉和抗诉程序
第三十五章　对法院裁定的上诉和抗诉程序	第四十章　撤销审法院的诉讼程序
第四编　对已经发生法律效力的法院裁判的再审	**第四编　对已经发生法律效力的法院裁判的再审**
第三十六章　监督审法院的程序	第四十一章　监督审法院的程序
第三十七章　根据新发现的情形对已经发生法律效力的法院判决、裁定和决定进行再审	第四十二章　根据新发现的情形对已经发生法律效力的法院判决、裁定和决定进行再审
第五编　执行程序	**第七编　与执行法院判决或者其他机关决定有关的程序**
第三十八章　一般规定	
第三十九章　对公民判决的执行	
第四十章　对国家机关、企业、集体农庄、其他合作组织和社会团体判决的执行	
第四十一章　追索金额在各追索人之间的分配	
第四十二章　执行法院判决时对追索人、债务人和其他人权利的保护	

续表

1964 年《苏俄民事诉讼法典》	2002 年《俄罗斯联邦民事诉讼法典》
第六编 外国公民和无国籍人的民事诉讼权利。向外国提起的诉讼，外国法院的司法委托和判决。国际条约和国际协定	**第五编 涉外案件的诉讼程序**
	第四十三章 一般规定
	第四十四章 俄罗斯联邦法院对涉外案件的审判管辖
	第六编 要求撤销仲裁裁决案件和要求发出仲裁庭强制执行令案件的程序

通过表 3 我们可以直观地观察出 2002 年《俄罗斯联邦民事诉讼法典》对 1964 年《苏俄民事诉讼法典》体例结构上的继承与创新。

（一）立法继承

两个法典都采用总则分则的立法体例。总则编都分为十章，名称基本一致。两个法典的分则都有一审程序编、二审程序编、再审程序编、涉外民事诉讼编和执行程序编。2002 年《俄罗斯联邦民事诉讼法典》分则各编之下的章节，也与 1964 年《苏俄民事诉讼法典》基本一致。例如，两个法典第二编的第一分编都是关于诉讼程序的内容。1964 年法典除了“管辖”一章，2002 年法典除了“缺席判决”一章，两个法典的第二编第一分编之下的各个章节的名称是完全一样的。这种法律继承关系，有利于保持国家民事诉讼立法稳定性，有利于维护民事诉讼司法实践的稳定。

（二）立法创新

2002 年法典对 1964 年法典既有继承又有创新。与本书论述范围相关的创新体现在以下几个方面：

（1）将“管辖”从分则编放到了总则编，符合了总则分则编制的规律。因为管辖属于适用于一切程序的规范，应当放在总则编。

（2）通过在“第一审程序编”，增加第一分编“命令程序”；在“诉讼程序”章增加“缺席判决”，构建了民事诉讼的简易程序。

（3）在“第二审程序编”，增加了“对和解法官作出判决和裁定的上诉程序”，构建了撤销审程序。这意味着2002年法典彻底改变了1964年法典确定的一元化上诉审模式，建立了二元化的上诉审模式。

（4）将“涉外民事诉讼程序编”放在“执行程序编”之前，更加符合审判程序—执行程序的逻辑结构；改造了1964年法典“外国公民和无国籍人的民事诉讼权利。向外国提起的诉讼，外国法院的司法委托和判决。国际条约和国际协定编”的名称与内容，代之以“涉外民事诉讼编”，更加简洁，更具概括性。

2002年法典不仅在体例结构方面有形式上的创新，更重要的是，在法典的内容方面具有实质上的创新。本书将在后面的章节就这些问题展开论述。

第三节 2002年以来《俄罗斯联邦民事诉讼法典》的修订

自2002年11月14日《俄罗斯联邦民事诉讼法典》正式施行以来，如同俄罗斯联邦其他的法典一样，这部法典经历了多次修订。表4显示了本书截稿前，《俄罗斯联邦民事诉讼法典》所经历的历次修订。从年份看，2003～2018年，每年都有联邦法律对《俄罗斯联邦民事诉讼法典》作出修改。有的年份修改的次数少些，如2013年，仅有一次修改，这与这部法典刚刚通过，暴露的问题还不充分、实践还未充分展开、修改的时机尚未成熟有关。从2004年开始，俄罗斯国家杜马每年都通过若干联邦法律，对《俄罗斯联邦民事诉讼法典》的内容作出了或多或少的修改。其中，

2013年、2014年的修改频率最大，分别达到14次、13次；2015年修改6次；2016年修改4次；2017年修改4次。

表4 2002年以来《俄罗斯联邦民事诉讼法典》的修订版本概览

年份	修订日期	修订的依据（联邦法律的编号）
2003	6月30日	N 86－Φ3
2004	6月7日	N 46－Φ3
	7月28日	N 94－Φ3
	11月2日	N 127－Φ3
	12月29日	N 194－Φ3
2005	7月21日	N 93－Φ3
	12月27日	N 197－Φ3
2006	12月25日	N 225－Φ3
2007	7月24日	N 214－Φ3
2008	6月11日	N 85－Φ3
	7月14日	N 118－Φ3
	7月22日	N 147－Φ3
	12月25日	N 223－Φ3
2009	2月9日	N 3－Φ3
	2月9日	N 7－Φ3
	4月5日	N 43－Φ3
	4月5日	N 44－Φ3
	6月28日	N 124－Φ3
	6月28日	N 128－Φ3
	11月9日	N 246－Φ3
2010	2月11日	N 6－Φ3
	3月9日	N 20－Φ3
	4月30日	N 69－Φ3
	7月23日	N 178－Φ3
	7月27日	N 194－Φ3

续表

年份	修订日期	修订的依据（联邦法律的编号）
2010	12月9日	N 353 – ФЗ
	12月23日	N 389 – ФЗ
2011	4月6日	N 66 – ФЗ
	4月6日	N 67 – ФЗ
	5月4日	N 98 – ФЗ
	6月14日	N 140 – ФЗ
	11月30日	N 351 – ФЗ
	12月3日	N 388 – ФЗ
	12月3日	N 389 – ФЗ
2012	2月6日	N 4 – ФЗ
	4月23日	N 35 – ФЗ
	6月14日	N 76 – ФЗ
2013	3月4日	N 20 – ФЗ
	4月22日	N 61 – ФЗ
	4月26日	N 66 – ФЗ
	5月7日	N 99 – ФЗ
	7月2日	N 166 – ФЗ
	7月2日	N 167 – ФЗ
	7月2日	N 178 – ФЗ
	7月2日	N 185 – ФЗ
	7月2日	N 187 – ФЗ
	10月21日	N 272 – ФЗ
	11月2日	N 294 – ФЗ
	11月25日	N 317 – ФЗ
	12月2日	N 344 – ФЗ
	12月28日	N 436 – ФЗ

续表

年份	修订日期	修订的依据（联邦法律的编号）
2014	3月12日	N 29 – Ф3
	4月2日	N 51 – Ф3
	5月5日	N 93 – Ф3
	5月5日	N 123 – Ф3
	5月5日	N 126 – Ф3
	6月4日	N 143 – Ф3
	6月23日	N 161 – Ф3
	7月21日	N 232 – Ф3
	7月21日	N 273 – Ф3
	11月24日	N 304 – Ф3
	12月29日	N 457 – Ф3
	12月29日	N 476 – Ф3
	12月31日	N 505 – Ф3
2015	3月8日	N 23 – Ф3
	3月8日	N 41 – Ф3
	4月6日	N 82 – Ф3
	7月13日	N 264 – Ф3
	11月28日	N 358 – Ф3
	12月29日	N 393 – Ф3
2016	3月2日	N 45 – Ф3
	6月23日	N 220 – Ф3
	7月3日	N 272 – Ф3
	12月19日	N 438 – Ф3
2017	7月29日	N 223 – Ф3
	7月29日	N260 – Ф3
	10月30日	N 302 – Ф3
	12月28日	N 421 – Ф3
2018	3月7日	N 48 – Ф3

这样的修改频率，对于一国民事诉讼法典而言是否正常，主要还是应当考察那个国家的国情和法治体系的特点。不同国家立法修改的难易程度、频率存在较大差别。纵向而言，在俄罗斯经济社会变革的背景下，以及俄罗斯政治法律结构中，这样的修改频率完全属于正常的立法活动。21世纪以来，在经济全球化的背景下，俄罗斯的经济社会条件有了很大的变化。社会存在决定社会意识，法律是由社会决定的，立法与时俱进，表明立法机关遵循了法律创制的规律和特点。而俄罗斯国家杜马较长的会期制度，[①] 则给频繁、细致的法律修改活动创造了有利条件。横向而言，我国现行《民事诉讼法》自1991年施行以来，经历两次修改，一次是2007年10月28日第十届全国人民代表大会常务委员会第三十次会议第一次修正，一次是2012年8月31日第十一届全国人民代表大会常务委员会第二十八次会议第二次修正。这样的修改频率自然也是我国政治法律体系的正常结果。

从修改的内容看，2002年以来，《俄罗斯联邦民事诉讼法典》的修改可以做以下类型化划分：一是通过联邦法律对民事诉讼法典直接进行修改；二是基于通过的新的联邦法律，对民事诉讼法典进行相应的修改；三是基于某个法律事实的出现，对民事诉讼法典进行相应的修改。

一、法典本身的修改

对民事诉讼法典本身的修改，例如2018年最近一次的修改。2018年2月22日，俄罗斯联邦国家杜马通过了《关于修改〈俄罗斯联邦民事诉讼法典〉第278条和〈关于执行程序的联邦法律〉》的联邦法律，该联邦

① 国家杜马会期分为春秋两季会议，春季会议从1月12日至6月20日；秋季会议从9月1日至12月25日。议会例会期间，议员并非每天开会，例会期限是宣布议员正式工作的开始和议会内部机构的工作时间。在此期间，议员未经议会准假，不得离开举行会议的城市，不得出访或进行其他与开会无直接关系的活动。

法律于2018年2月28日被联邦委员会核准，2018年3月7日由俄罗斯联邦总统公布，成为2018年第48号联邦法律。根据该联邦法律第1条，《俄罗斯联邦民事诉讼法典》第278条第1款“内务机关”之后增补“司法警察”这个词。修订后的第278条第1款为：“法官在准备案件的法庭审理时应当查明，谁可能提供失踪人的情况，并向失踪公民已知最后住所地、工作地点的有关组织、内务机关、司法警察、部队询问失踪人的情况。”

二、基于联邦法律通过的修改

《俄罗斯联邦民事诉讼法典》被修改的第二种情况，是基于通过某个联邦法律，该联邦法律并非专门为修改民事诉讼法典而立，而是为了解决与保护权利或者诉讼程序有关的问题而通过，其中涉及民事诉讼法典的修改，也涉及刑事诉讼法典、仲裁程序法典等其他法典的修改。

例如，2010年4月21日，俄罗斯联邦国家杜马通过《基于通过〈关于侵害在合理期限内进行诉讼程序的权利或者在合理期限内履行法院裁判的权利的赔偿的联邦法律〉而修改特定俄罗斯联邦立法文件的联邦法律》（О внесении изменений в отдельные законодательные акты Российской Федерации в связи с принятием Федерального закона “О компенсации за нарушение права на судопроизводство в разумный срок или права на исполнение судебного акта в разумный срок”），该联邦法律于2010年4月28日被联邦委员会核准，2010年4月30日由俄罗斯联邦总统公布。根据该联邦法律第5条，对《俄罗斯联邦民事诉讼法典》作出如下修改：

（1）在第3条第1款增补如下词句：“其中包括判决其赔偿侵害在合理期限内进行诉讼程序的权利或者在合理期限内履行司法裁判的权利的请求”。

（2）增补第6.1条如下：

“1. 应当在合理期限在法院进行诉讼程序和履行司法裁判。

2. 法院审理案件应当在本法典规定的期限内进行。依据本法典确定的条件和程序，可以延长前述期限，但诉讼程序应当在合理期限内进行。

3. 自提出诉讼请求或者向一审法院提出请求之日起，至作出案件最终司法裁判之日的法庭审理合理期限的确定，应当考虑如案件法律和事实上的复杂性，民事诉讼参加人的行为，法院及时审理案件行为的充分性和有效性，以及案件程序的一般延续性。

4. 与法院组织工作有关的情形，包括更换法官以及不同审级审理案件，不得作为超出案件诉讼程序合理期限的根据。

5. 本条第3~4款确定的案件诉讼程序合理期限的规则，适用于确定法院裁判执行合理期限。

6. 受理诉讼请求或者申请后，案件长时间未得到审理或者诉讼程序拖延的，利害关系人有权向法院的代表请求加快案件的审理。

7. 法院的代表应在向法院提出申请的五日内，审理关于加快审理案件的申请。根据审理申请的结果，法院的代表可作出即时裁定，确定进行法院审理的期限和（或者）指定进行加快法院审理的行为。”

三、基于法律事实出现的修改

《俄罗斯联邦民事诉讼法典》被修改的第三种情况，是基于某个法律事实的出现，需要对民事诉讼法典进行相应的修改。该法律事实，可能是国家生活、社会生活对民事诉讼法典提出了新的要求，因而民事诉讼法典需要与时俱进。

例如，在互联网时代，互联网司法、智慧司法在中国早已成为司法实践中的日常，在俄罗斯也是如此。为了适应互联网时代电子化的需求，2016年6月7日，俄罗斯联邦国家杜马通过了《关于在司法机关中使用电子文件而修改部分联邦立法文件的联邦法律》（О внесении изменений в отдельные законодательные акты Российской Федерации в части применения электронных документов в деятельности органов судебной власти)。该联邦法律于2016年6月15日被联邦委员会核准，2016年6月23日由俄罗斯联邦总统公布。

根据该联邦法律，对《俄罗斯联邦民事诉讼法典》的14个条文进行了修改。其中，首先被修改的是第3条“向法院提出请求的权利”，增补第1.1款为：“诉讼请求、申请、上诉、再审请求和其他文件可以书面或者电子形式向法院提出，包括依照俄罗斯联邦立法规定的程序进行电子签名的电子文件，利用信息通讯网‘互联网’在法院官方网站上填写的表格。”

第四章
当事人与法院之间关系的变革——国家干预的变革之一

研究一部民事诉讼法典，可以按照法典的编排体例进行研究，这属于教科书式的全面研究方法；也可以选择几个重要问题，进行专题式的研究。本书采取的是后一种研究方法，试图从民事诉讼法的几个基本问题着手，深入分析俄罗斯民事诉讼法的变革。

本章研究当事人与法院关系的问题，通过研究法院与当事人之间的关系，揭示民事诉讼法的内在规律，是我国学界公认的一种研究方法。有代表性的观点认为："法院和当事人是民事诉讼中的一对矛盾，二者同时作为民事诉讼法律关系的主体，依法享有特定的诉讼权利，承担特定的诉讼义务。他们的权利和义务，以及据此而实施的多种诉讼行为，构成有机的矛盾统一体。民事诉讼的过程主要就是这对矛盾在法律程序上推进和展开的过程。"① 可见，研究法院与当事人之间的关系，有利于我们深入地理解民事诉讼法的精神内容。

法院与当事人之间的关系，实际上反映了国家与公民的关系。在这种关系中，国家的司法权与公民的诉权行使的范围如何，两者又是如何相互作用与制约，都值得进行深入的研究。

法院与当事人之间的关系是民事诉讼法变革的一个切入点。研究法院与当事人之间关系的消长，有利于深入地理解民事诉讼的变革。

第一节侧重研究当事人诉讼行为对法院的制约，第二节侧重研究法院的干预与诉讼领导对当事人的制约。

---

① 陈桂明：《诉讼公正与程序保障》，中国法制出版社1996年版，第158页。

第一节　提升当事人的主体地位

一、从辩论原则看当事人主体地位的提升

（一）辩论原则的概念

大陆法系传统的辩论原则（Verhandlungsmaxime）和处分原则（Dispositionsmaxime）起源于12~15世纪的欧洲，也就是欧洲中世纪的后期。当时民事诉讼法的发展否定了封建式的纠问原则（Untersuchungsmaxime），以此对应，恢复和改造了古代民事诉讼的辩论原则。在辩论原则下，当事人是诉讼权利的主体，他可以自由地处分诉讼材料，即有权提出他认为需要的事实，请求法院判决（处分主张或者处分事实），有权和向法院提出他认为必要的证据（处分证据）。[①] 这是辩论原则最初的含义。最严格的大陆法辩论原则，包括以下几个方面的内容。

原则一：没有当事人，就没有法院（Nemo judex sine actore）。意思是，只有依据当事人的请求，法院才可以审理案件。

原则二：不得依据法院的职权进行诉讼（Non procedat judex ex officio）。原则二与原则一，应该是一个问题的两个方面。即诉讼如何进行？不是依据法院的职权，而是依据当事人的请求。程序的发动权应该属于当事人，而不是法院。

原则三：当事人没有提出的证据不得认定（Quod non est in actis non

---

① 辩论原则的概念，在19世纪末20世纪初就存在争论。有的资产阶级学者认为辩论原则就是收集证据的方法，另一些学者认为是整个的诉讼过程，还有一些学者认为是指辩论的本身、法庭辩论的方式。参见［苏］A.Ф.克列曼：《苏维埃民事诉讼》，王之相、王增润译，法律出版社1957年版，第95~97页。

est in mundo）。意思是，法院判决的事实资料应由当事人提供，不得由法院调查。

原则四：法院不得超出当事人的主张范围行动（Ne eat judex ultra petita partinm）。意思是，法院只能在当事人主张的范围内判决，也可以说，法院在当事人主张范围内享有完全的判决自由。

原则五：听取辩论（Audiatur et altera pars）。即法院不仅应当听取一方当事人的意见，也应当听取另一方当事人的反面意见，是为听取辩论。只有在特殊情况下，才允许不经辩论而作出判决。①

上述五个辩论原则的内容，均来源于罗马法的法律概念，是最纯粹的辩论原则。在法律的实际发展中，大陆法系也逐渐对上述内容进行了调整，主要是扩大了法院职权。以德国为例，本来实行当事人传唤原则，但1909年修改时，将初级法院的传唤改为由法院依职权为之；到1950年，在传唤上完全取消了当事人的主动权，现在只在强制执行时保留了一些。而其他辩论原则的内容，如法院受原告诉讼请求的拘束等，民事诉讼法则一直未变。②

由于辩论原则直接描述了当事人与法院在确定判决范围方面的权限划分，因而本书将其作为分析法院与当事人关系的一个切入点。

（二）1964年《苏俄民事诉讼法典》确定辩论原则

在苏俄成立以前，辩论原则就在俄罗斯得到了发展。（1）古代俄罗斯时期，辩论原则是诉讼程序的基本原则。（2）俄罗斯帝国前期，辩论原则仍保留在民事诉讼中，但受到许多和这个原则相矛盾的规定所“限

---

① См.：Гражданский процесс. Курс лекций，читанных проф. *Ю. С. Гамбаровым*. 1894－95 ак. г.；*Энгельман И. Е.* Курс русского гражданского судопроизводства. Юрьев，1912 // Гражданский процесс：хрестоматия. Под ред. *Треушников М. К.* М.，2005. С. 221－224.

② 谢怀栻译：《德意志联邦共和国民事诉讼法》，中国法制出版社2001年版，译者前言，第5～6页。

制”。(3) 俄罗斯帝国后期，1864 年 11 月 20 日通过的《民事诉讼条例》，曾经无条件地和明确地规定了辩论原则的基本原理。这个条例达到了古代俄国法和现代法学的水平。①

苏俄成立后，根据社会主义法律意识，彻底改造了大陆法传统的辩论原则。为了深入理解苏俄辩论原则的实质，有必要阐述苏俄民事诉讼辩论原则与大陆法传统的关系。

1. 苏俄民事诉讼辩论原则与大陆法传统辩论原则的关系

苏俄辩论原则的含义就是“辩论的每一方当事人都应当证实自己的请求和异议的理由”。② 苏俄完全改变了大陆法系的辩论原则。一方面，降低了当事人在诉讼中的作用。当事人的证明活动，不是约束法院判决范围的手段，反而是法院认定事实的一种手段。另一方面，否定了辩论原则最本质的特征——当事人的诉讼行为约束法院职权行为，将辩论原则降格为采用辩论的形式进行诉讼。苏俄辩论原则与大陆法系辩论原则的关系如下：

(1) 联系。苏俄民事诉讼法的辩论原则渊源于大陆法系和沙俄时代的立法，在内容上，都规定了当事人有权提出主张和证据的权利。苏俄民事诉讼的辩论原则，“首先表现在双方当事人都有权提出证据和说明法庭应当查明的事实，参加对事实的调查，对案件作出书面和口头的解释，向法院提出自己的论据和理由”。③ 而且，“法院判决只能以法庭上审查过的证据为依据”(1964 年《苏俄民事诉讼法典》第 192 条)。

---

① A. X. 戈里姆斯岑：“在理论上和俄国最新立法上的民事诉讼的辩论原则”，载《法学研究与论著》。1894 年。转引自［苏］A. Ф. 克列曼：《苏维埃民事诉讼》，王之相、王增润译，法律出版社 1957 年版，第 94 页。

② ［苏］阿·阿·多勃罗沃里斯基：《苏维埃民事诉讼》，李衍译，法律出版社 1985 年版，第 34 页。

③ ［苏］阿·阿·多勃罗沃里斯基：《苏维埃民事诉讼》，李衍译，法律出版社 1985 年版，第 34 页。

（2）区别。苏俄民事诉讼法的辩论原则是经过改造的辩论原则，不能从大陆法传统意义上来理解。

第一，传统大陆法的辩论原则，当事人的辩论（主张和证据）对法院有约束力，法院不得在当事人辩论的范围以外认定主张和证据。而苏俄的辩论原则，当事人的辩论（提出证据的行为），只是法院查明案件事实的手段，对法院没有绝对的约束力。如果法院认为当事人提供的证据足够充分时，法院无须依职权主动调查，此时当事人的举证对法院有约束力；如果法院当事人提供的证据不充分，法院有权责令当事人和案件的其他参加人提供补充证据，或者由法院主动搜集补充证据（1964 年《苏俄民事诉讼法典》第 50 条）。这就将当事人辩论的作用建立在法院职权的基础之上，而非前者可以限制后者。

第二，传统大陆法的辩论原则，“依靠的是形式主义的基础，诉讼的结果只是确定形式上的真实，这种形式上的真实是以双方当事人的力量对比为转移的”。[①] 而苏俄民事诉讼法的辩论原则，是经过客观真实原则改造过的辩论原则。客观真实原则反对诉讼结果的形式真实，主张“法院必须就每一民事案件作出合法的和有根据的判决”。[②] 客观真实原则被写进 1964 年《苏俄民事诉讼法典》第 14 条：“法院必须采取法律所规定的一切措施，全面、充分和客观地查明案件真实以及当事人的权利和义务，而不受已经提出材料和陈述的限制。”为了实现客观真实的目的，只能从当事人的权利入手，限制或者缩小当事人自由处分事实和证据的权利，同时规定法院有权主动调查证据，并以此作为认定案件事实的根据。

第三，传统大陆法的辩论原则体现了古典自由主义的诉讼价值观，国

---

① ［苏］A. Ф. 克列曼：《苏维埃民事诉讼》，王之相、王增润译，法律出版社 1957 年版，第 83 页。

② ［苏］阿·阿·多勃罗沃里斯基：《苏维埃民事诉讼》，李衍译，法律出版社 1985 年版，第 30 页。

家的代表法官并不干涉当事人的处分自由，反而受制于当事人的辩论。而苏俄的辩论原则是经过国家干预思想改造过的辩论原则。社会主义的国家干预思想，要求当事人主动、积极地进行辩论，同时也要求法院积极地干预当事人的辩论，以此实现实质上的公平。

第四，苏俄法学界认为，传统大陆法的辩论原则是资产阶级民主观的表现，国家允许当事人双方在法庭上自由竞技，法院是“帮助有钱人来反对穷人”①。苏俄的辩论原则，体现的是社会主义民主观，国家否定自由竞技式的诉讼，以保证劳动人民受到法律保护。这里固然有偏激之处，但毕竟体现了那个时代的理论观点。

综上，从辩论原则看，确定判决的事实范围和证据范围的主动权或者决定权在法院，而不在当事人。

2. 从辩论原则看法院与当事人之间的制约关系

从上述有关苏俄民事诉讼辩论原则的论述可以认为，苏俄民事诉讼中，法院与当事人的关系是一种单向的制约关系。在这种制约关系中，法院是主动一方，当事人是受制一方。当事人在这种关系中，失去了通过自己的诉讼行为限制法院职权的可能性，也就失去了基本的诉讼权利；法院不受当事人主张和举证的限制，有权提出新主张，可以依职权主动调查收集证据，是以牺牲当事人程序权利为代价的。

（三）2002 年《俄罗斯民事诉讼法典》确定的辩论原则

1. 辩论原则的概念

俄罗斯民事诉讼中的辩论原则（состязательность），不仅是诉讼规范，还是宪法规范。1993 年《俄罗斯联邦宪法》第 123 条第 3 款规定：“诉讼程序在辩论原则和当事人平等的基础上进行。”2002 年《俄罗斯联

---

① ［苏］A. Ф. 克列曼：《苏维埃民事诉讼》，王之相、王增润译，法律出版社 1957 年版，第 83 页。

邦民事诉讼法典》第 12 条重复了宪法的规定。由于民事诉讼法没有具体界定辩论原则的概念，给我们的理解造成了一定的困难。理解俄罗斯现行民事诉讼法规定的辩论原则，必须从两个方着手：一是俄罗斯学术界对本国的辩论原则有特殊的解释，这种解释不同于传统大陆法的解释；二是我们必须用大陆法辩论原则的概念，来分析俄罗斯民事诉讼的制度和程序。

2. 俄罗斯学术界对其本国辩论原则的解释

依据当今俄罗斯学术界的通说，民事诉讼法中的辩论原则包含两个方面的含义：一是调整当事人、其他诉讼参与人以及法院提出、收集、审查证据的行为；二是以辩论方式进行的。[①] 据此，我们可以得出以下结论：

（1）俄罗斯民事诉讼法规定的辩论原则，没有通过当事人的诉讼行为约束法院的职权行为的含义。

（2）俄罗斯民事诉讼法规定的辩论原则，只是一种进行诉讼的方式。笔者理解，《俄罗斯联邦宪法》第 123 条第 3 款规定的在“辩论原则”的基础上进行诉讼，是指“诉讼应该以当事人辩论的方式进行，而不是以法院纠问的方式进行”。

这样解释辩论原则有悖于大陆法的传统。我国《民事诉讼法》第 12 条规定的“人民法院审理案件时，当事人有权进行辩论”，与当代俄罗斯的立法有相似之处。

3. 依据大陆法传统的辩论原则，对俄罗斯民事诉讼法的辩论原则进行解释

依据传统大陆法的辩论原则，分析俄罗斯民事诉讼法典的制度和程序。根据大陆法系辩论原则，当事人有权自由处分事实和证据。我们就用这两个方面作为标准，考察俄罗斯民事诉讼法的制度与程序，分析它们是否符合辩论原则的要求。

---

① См.: Комментарий к Гражданскому процессуальному кодексу Российской Федерации / Под ред. М. С. Шакарян. Москва, 2003. С. 36.

（1）法院能否超出当事人的主张（事实）判决。当事人自由处分事实，也可以叫处分主张，是大陆法辩论原则的第一个方面。在俄罗斯民事诉讼中，当事人自然有权处分事实问题。问题关键在于，当事人处分事实的问题对法院是否有约束力？法院是否有权认定当事人没有提出的事实？先看其法律规定。2002 年《俄罗斯联邦民事诉讼法》第 56 条第 2 款规定："法院应确定，哪些情况对案件有意义，应由哪一方当事人进行证明，即使当事人没有援引的情况，法院也应当将其提出进行讨论。"这里规定的"当事人没有援引的情况"，就是指当事人没有提出的事实，法院可以将其提出供双方当事人及其他诉讼参与人辩论、质证，法院的审理对象不受当事人提出主张的限制。[①] 俄罗斯学术界对法典的注释也表达了与笔者相同的观点。问题的关键，不是法院是否有权提出新事实供当事人辩论，而是法院是否有权认定这个新事实。这取决于当事人是否提出证据证明了这个新事实，下面就论述这个问题。

（2）法院能否认定当事人没有提出的证据。当事人提出的事实，对法院没有绝对的约束力，那么，当事人处分证据问题，对法院是否有约束力？还是得看法律的规定。2002 年《俄罗斯联邦民事诉讼法典》第 57 条第 1 款规定："证据由当事人和其他案件参加人提交。法院有权建议他们提交补充证据。如果他们难以提交必要的证据，法院应根据其申请在收集和调取方面给予协助。"这条规范清楚地界定了法院与当事人在调查收集证据方面的界限：第一，证据由当事人提供，法院不得主动提供证据；第二，在证据不充分时，只能由当事人申请法院调查证据，法院只能建议当事人补充证据，不能亲自实施调查证据的行为。这样，当事人提出的证

---

① 这段注释的内容是："当事人没有引用的事实，法院有权讨论吗？不同的法律体系对这个问题的回答是不同的。在我国的诉讼中，法院不受当事人提出事实的限制。" См.: Коммнтарий к Гражданскому процессуальному кодексу Российской Федерации / Под ред. Шакарян М. С. М., 2003. С. 142.

据，就完全可以约束法院对事实的认定范围，俄罗斯立法在这个方面是符合大陆法的辩论主义的。

下面我们来解决方才提出的疑问。我们可以设想，假设原告提出了事实主张 I，又提出证据 A 和 B 来证明自己的主张；被告为了反驳原告，提出了事实主张 II，又提出证据 C 和 D 来证明自己的主张。法院经审理查明，还存在事实主张 III，原告和被告都没有提出来，而主张 III 对于正确认定事实具有重要意义。根据《俄罗斯联邦民事诉讼法典》第 56 条第 2 款的规定："法院应确定，哪些情况对案件有意义，应由哪一方当事人进行证明，即使当事人没有援引的情况，法院也应当将其提出进行讨论"，法院有权将事实主张 III 提出供当事人辩论。那么，法院有权认定自己提出的新事实吗？我们从两个方面来探讨：①当事人对法院提出的事实主张 III 积极地进行辩论，并提出新的证据加以证明，法院经过审查判断，最终在判决中可以确认这个新事实的有无。这种情况，并不是法院的行为决定了事实 III 在判决中被确定，而是当事人同意了法院提出新事实的行为，可以认为是当事人的程序选择权决定了法院判决的范围。②当事人对于法院提出的新事实 III，消极地不提供证据进行辩论。此时，法院不得主动调查证据，证明并判定自己提出的主张（《俄罗斯联邦民事诉讼法典》第 57 条第 1 款）。既然未经过双方当事人质证辩论，这个新事实就不能得到判决的认定。[①] 只有一种例外，就是法院提出的事实属于民事诉讼法规定的不需要进行证明的事实，[②] 只有在这种情况下，法院才可以认定自己提出的主张。这种

① 《俄罗斯联邦民事诉讼法典》第 195 条第 2 款规定："法院只能以经过审判庭审查的证据作为判决的根据。"

② 《俄罗斯联邦民事诉讼法典》第 61 条规定："法院视为公认的情况不需要进行证明。""已审结案件中已经发生法律效力的法院裁判所确认的情况，对法院具有约束力。在审理另一案件时，如果案件参加人相同，则上述情况不需要重新进行证明，也不得提出争议。""在审理民事案件时，已经发生法律效力的国家仲裁法院判决所确认的情况，在审理另一案件时，如果案件参加人相同，则不需要重新进行证明，案件参加人也不得提出争议。""已经发生法律效力的刑事案件的判决，关于责任人的行为是否发生和行为是否由其所为的问题上，对审理其民事责任承担的法院具有约束力。"

例外情况在司法实践中是极为少见的。

综上所述，在当今俄罗斯的民事诉讼中，当事人有权提出事实，法院有权提出它认为必要的事实；当事人有权提出证据，但法院无权提出证据；法院判决的范围实际上是由当事人确定的。

（四）结论

上述俄罗斯民事诉讼辩论原则的变革的过程就是从苏俄模式向大陆法模式的变革过程。这表明，俄罗斯经过反思，放弃了苏俄模式的国家干预理念，恢复了传统大陆法的辩论原则。当事人通过确定法院判决的事实范围和证据范围加强了自己的诉讼主体地位。

二、从处分原则看当事人主体地位的提升

（一）处分原则的概念和产生的基础

传统的处分原则和辩论原则同样产生于欧洲中世纪的后期。处分原则，是指案件参加人特别是当事人，可以支配自己的实体权利和诉讼权利。处分原则与辩论原则之间关系密切，辩论的内容就是处分事实和证据。有外国学者分析了辩论原则和处分原则的关系。他认为，广义的辩论原则包括处分原则，即辩论原则承认当事人对诉讼对象的处分权；狭义的辩论原则是指只能从当事人的辩论中，而不是从法官的纠问中，采纳判决的基础资料。[①]

自由处分权利的理念最早产生于罗马法，后来这一理念在18世纪欧洲资产阶级革命的时代得到了进一步的发展。资产阶级在反封建的斗争中，宣扬权利自由和行动自由[②]的思想。马克思曾在《黑格尔法哲学批

① ［日］兼子一、竹下守夫：《民事诉讼法》，白绿铉译，法律出版社1995年版，第71页。

② “人人有按照他的意思行动的自由”（Laissez faire，laissez passer）这个公式，是18世纪法国经济学家古尔涅，针对阻碍当时资本主义经济发展的经济特权提出的公式。［苏］A.Ф.克列曼：《苏维埃民事诉讼》，王之相、王增润译，法律出版社1957年版，第78页。

判》中深刻地揭示了私有财产权的特征："私有财产打上了罗马人的理智和德国人的温情的烙印……私有财产的权利是 jus utendi et abutendi（任意使用和支配的权利），是随心所欲地处理事物的权利。"① 这种私有财产权绝对的观念，必然要求所有者可以随意处置自己的实体权利。"在资本主义社会中，私有财产权是其他民事权利的基础，既然私有财产权可以任意处分，其他民事权利当然也不例外。诉讼权利是保护实体权利的一种手段，处分诉讼权利的自由是处分实体权利的一种必然手段，处分诉讼权利的自由是处分实体权利自由的必然反映。"② 结合上面两段论述，我们可以得出两个结论：

（1）大陆法系传统的民事诉讼处分原则，其产生的经济基础是资本主义经济的发展，资产阶级要求自由处分自己的私有财产。

（2）大陆法系传统的民事诉讼处分原则，其产生的法律基础是民事实体法的发展，当事人要求在民事诉讼中处分自己的诉讼权利，以此来实现处分自己实体权利的目的。处分的实体权利，基本上为财产权，人身权由于涉及公序良俗，法律一般禁止当事人自由处分。

理解处分原则产生的这两个基础，有利于我们理解和评价俄罗斯处分原则的变革。

（二）处分原则背景的变革

1. 苏俄时代限制处分原则适用范围的背景

（1）经济背景。近代大陆法系的处分原则的产生适应了资本主义私有制的需要。苏俄成立后，在政治上宣布"一切政权归苏维埃"，在经济上则消灭"任何人剥削人的制度"。从1917年秋天开始，苏俄就实现了工业、金融业和交通运输业的国有化。③ 苏俄逐步建立了强大的国有经济体

---

① 《马克思恩格斯全集（第1卷）》，人民出版社1972年版，第382页。

② 柴发邦主编：《民事诉讼法教程》，法律出版社1982年版，第98页。

③ См.：*Исаев И. А.* История государства и првав России. М.，2006. С. 198 - 202.

系。这种经济变革对处分原则的影响是显而易见的：国有制取代了私人财产所有制，自然会产生涉及国有财产的争议，出于对国有财产的特殊保护，国家不仅在管理国有财产方面，而且在涉及国有财产的诉讼方面，实行普遍干预。而公民个人民事权利的行使被认为“往往与国家的、社会的、集体的利益息息相关”。[①] 因此，在民事诉讼中，国家授权法院代表国家，对民事纠纷的处理进行干预。限制处分原则的适用范围，就是这种干预的一种表现。

（2）法律背景。大陆法处分原则的法律背景，多是由民事实体权利的自由处分，导致要求民事诉讼权利的自由处分。前面已经论述，苏俄强调法院对当事人行使处分权的监督，这一方面是出于保护国有财产的目的，另一方面也可以加强国家对私权的控制。这已经限制处分原则的适用范围。苏俄还非常注重社会法的建设，早在 1918 年就有了关于婚姻家庭、劳动关系的立法，在 1919 年还制定了土地制度条例。[②] 这些社会法的特点之一就是限制当事人处分权的行使。这加深了人们对苏俄立法国家干预的印象。

2. 当今俄罗斯处分原则适用的背景

必须注意到，俄罗斯的经济制度和法律制度与苏俄相比有了很大的变革。本书第二章已经论述俄罗斯经济改革的有关情况，通过经济改革，俄罗斯又承认了私人所有制，这就为当事人处分权范围的扩大奠定了经济基础。同时，民法的规定又为处分原则的适用创造了实体法的基础。《俄罗斯联邦民法典》第 1 条第 1 款规定：“民事立法的基本原则，是确认民事立法所调整的关系参加者一律平等……”这表明国家对私有制和公有制实行同等保护；第 1 条第 2 款规定：“公民（自然人）和法人以自己的意志和为自己的利益取得和行使民事权利……”这表明国家承认当事人的处分权，只要这种行为不违反法律和公共利益。

---

① 柴发邦主编：《民事诉讼法教程》，法律出版社 1982 年版，第 39 页。

② См.：*Исаев И. А.* История государства и првав России. М.，2006. С. 203 – 206.

(三) 处分原则的变革

处分原则确立了诉讼程序的运行，从一个阶段向另一个阶段过渡。根据处分原则，当事人根据自己的意思提起民事诉讼，确定诉讼标的和诉讼理由，提起上诉，申请执行。处分原则从提起具体民事案件到执行程序一直贯穿于民事诉讼程序。①

与 1964 年《苏俄民事诉讼法典》相比，2002 年《俄罗斯联邦民事诉讼法典》作了如下修改。

(1) 起诉。依据 1964 年《苏俄民事诉讼法典》第 41 ~ 42 条的规定，不仅可以依利害关系人的申请提起诉讼，而且检察长或者国家机关、工会、企业、组织和个别公民为保护他人的利益也可以提起诉讼。而 2002 年《俄罗斯联邦民事诉讼法典》则严格限定非利害关系人起诉的条件：检察长有权请求法院维护公民、不确定范围人的权利、自由和合法利益，但这种请求仅在公民由于健康状况、年龄、无行为能力和其他正当原因不能亲自向法院提出请求时才能由检察长提出（第 45 条）；在法律规定的情况下，国家权力机关、地方自治机关、组织和公民有权向法院提出请求，以维护他人的权利、自由和合法利益，但前提是该他人请求他们这样做，只有在该他人是无行为能力人或未成年人时，国家权力机关、地方自治机关、组织和公民才可以主动提出请求。

(2) 法院判决的范围。1964 年《苏俄民事诉讼法典》规定，出于保护组织、公民权利和合法利益的必要，法院可以超出原告的请求范围作出判决（第 195 条）。而 2002 年《俄罗斯联邦民事诉讼法典》规定，法庭对原告提出的诉讼请求作出判决，但是，在联邦法律规定的情况下，法院可以超过诉讼请求的范围（第 196 条第 3 款）。根据俄罗斯学术界的权威

---

① См. : *Боннер А. Т.* Принцеп диспозитивности советского гражданского процессуального права. М. , 1987. С. 34.

解释，超出原告请求范围的判决主要是出于对公共利益的保护。[①] 例如，根据《俄罗斯联邦民法典》第166条第2款，法院有权自己主动适用自始无效法律行为的无效后果。[②] 另外，超出原告请求范围的判决也出现在公共法律关系案件中（第246条第3款）。[③]

（3）上诉审法院审理案件的范围。1964年《苏俄民事诉讼法典》规定，上诉审法院对于上诉案件的审理是全面的，既审理上诉部分，也审理没有上诉的部分，而且法院不受上诉或者抗诉理由的限制，应当对全案进行审查（第294条第1款、第2款）。2002年《俄罗斯联邦民事诉讼法典》则严格限制了上诉审的范围，规定上诉审法院原则上根据上诉状、抗诉书和对上诉状或抗诉书的答辩审查第一审法院的判决是否合法和有根据，只有在为了合法性的要求时，上诉法院才有权全面对第一审法院的判决进行审查。根据解释，这种例外的情形主要涉及需要社会保护的公民的权利和利益（如儿童、老人、残疾人、无民事行为能力人），或者国家和社会利益，以及违反司法权原则和其他诉讼法规范的情形。[④]

从上述处分原则具体内容的变化看，2002年《俄罗斯联邦民事诉讼法典》的确更加尊重了当事人的处分权，严格限制了法院主动采取诉讼行为的范围。此外，当事人的处分权也不是绝对的，它的行使要受到法院的监督。也就是说，处分原则本身并没有确立当事人的绝对处分权，处分

---

① См.: Комментарий к Гражданскому процессуальному кодексу Российской Федерации / Под ред. Шакарян М. С. М., 2003. С. 339.

② 无效法律行为的具体情形规定在《俄罗斯联邦民法典》第167～172条中。其中，第169条第3款特别规定，在无效法律行为的双方均存在故意的情况下，如果双方均履行了法律行为，则双方依照该法律行为所获的全部所得均应予追缴，收归俄罗斯联邦所有；而在另一方履行时，则向另一方追缴其全部所得和另一方作为补偿应付给履行方的全部对价作为俄罗斯联邦收入。

③ 2002年《俄罗斯联邦民事诉讼法典》规定的公共法律关系案件，类似于我国的行政诉讼案件。

④ См.: Комментарий к Гражданскому процессуальному кодексу Российской Федерации / Под ред. М. С. Шакарян. Москва, 2003. С. 572.

原则本身就包含了法制原则的内容，正是法制原则的补充和保障，才能更加有效地保障当事人的实体权利和诉讼权利得到实现，才能对个人的权利和利益、社会利益、公共利益和国家利益进行全面的保护。

（四）结论

上述处分原则的变革又一次表明了当事人的诉讼权利与法院职权之间此消彼长的关系。扩大当事人处分权的行使范围必然会缩小法院行使职权的范围，但会提升当事人诉讼主体地位。

第二节　理顺诉讼干预权与诉讼领导权的关系

一、诉讼干预权与诉讼领导权的概念

（一）诉讼干预权的概念

1. 自由主义的诉讼观与国家干预的诉讼观

在界定诉讼干预权的概念之前，有必要阐述两种对立的诉讼观念：一种是自由主义的诉讼观，另一种是国家干预的诉讼观。理解这两种诉讼观念以后，诉讼干预权概念的界定就会水到渠成。

（1）自由主义的诉讼观。大陆法系的自由主义诉讼观，产生于欧洲17～18世纪的启蒙运动。受启蒙思想和资产阶级自由观的影响，法国、德国等大陆法国家相继制定了现代化的民事诉讼法典。1806年《法国民事诉讼法典》，革命性地推翻了封建专制的诉讼制度，建立了公开的诉讼程序，规定了当事人制约法官的辩论程序，开自由主义诉讼观之先河。[①]

---

① *International Encyclopedia of Comparative Law*, Vol. XVI, Civil Procedure, Ch. 2, History of European Civil Procedure, Section V.

1877年《德国民事诉讼法典》，则接受了19世纪自由主义潮流的影响，反对在诉讼中家长制的做法，反对国家干预民事诉讼，鲜明地打出了当事人主义的旗帜。[①] 自由主义的诉讼立法，只存在于自由资本主义时期。

（2）国家干预的诉讼观。19世纪末，自由主义的立法政策逐渐发生变化。"在经济方面自由经济受到限制的同时，诉讼法里的当事人主义也逐渐受到限制。在诉讼中，个人的自由行动受到限制，国家干预逐步加强，法院的作用日益提高，这些是垄断资本主义时期法律的特点。"[②] 这是在资本主义国家出现的国家干预的诉讼观。在社会主义国家苏俄，这种观念得到了系统的强化。关于社会主义的国家干预，列宁有一段著名的论断："我们不承认任何'私人'性质的东西，在我们看来，经济领域的一切都属于公法范畴，而不是什么私人性质的东西。我们容许的资本主义只是国家资本主义，而国家，如上所述，就是我们。因此必须：对'私人'关系更广泛地运用国家干预；扩大国家废除'私人'契约的权利；不是罗马法典，而是把我们的革命的法律意识运用到'民事法律关系'上去……"[③]根据这种国家干预的观念，苏俄的法院，不再是消极的中立者或者仲裁者，而是积极的干预者，正如前文所述，它可以提出当事人没有主张的事实，也有权主动调查收集证据，并将其作为认定案件事实的依据。苏俄法院代表国家积极干预，已经脱离了辩论原则和处分原则的轨道。

2. 诉讼干预权的概念

综上，本书所指的国家干预，特指在俄罗斯，由国家政权机关，依法

---

① 谢怀栻译：《德意志联邦共和国民事诉讼法》，中国法制出版社2001年版，译者前言，第5～6页；*See International Encyclopedia of Comparative Law*, Vol. XVI, Civil Procedure, Ch. 2, History of European Civil Procedure, Section V.

② 谢怀栻译：《德意志联邦共和国民事诉讼法》，中国法制出版社2001年版，译者前言，第5页。

③ 《列宁全集（第42卷）》，人民出版社1987年版，第427页。

对民事诉讼的审理和判决，施加某种影响，以改变当事人意思自治对法院判决的影响。这个概念可以从以下几个方面来理解。

（1）有权进行国家干预的机关有法院和检察长：法院监督当事人的诉讼行为，检察长监督法院的职权行为和保护当事人的权益。其他国家机关或者社会组织，如立法机关、党委等，对民事诉讼的监督、指示等，属于对法院工作的监督或者领导，不属于国家干预的范围。

（2）法院和检察长须依法进行干预。如果他们不依法进行活动，就不属于国家干预，而属于非法干预。

（3）干预的内容，对于法院来讲，是指法院监督当事人的诉讼行为，是否符合法律规定和客观真实，如有违背，法院有权亲自更正当事人的诉讼行为；对于检察长来讲，是指为了保护当事人的合法权益，而提起和参加民事诉讼。

3. 诉讼干预权的功能

（1）保障私权。保障私权是诉讼干预的积极功能。在民事诉讼法中存在一些特殊的权利，这些权利不单纯是私权，还涉及公共利益。如果允许当事人自由处分，其结果不但不公正，还有可能违背保障私权的民事诉讼的目的，此时的国家干预就是正当的。不但法院行使诉讼干预权，限制当事人辩论权和处分权的行使，检察长也可以参加诉讼。

（2）干预私权。诉讼干预权是一把双刃剑，在保障私权的同时，又触及私权领域，干涉了私权纠纷的解决。在不涉及公共利益时，诉讼干预权往往就露出了干预私权的本来面目。

正确认识诉讼干预权的这两种功能，有利于我们评价一个国家的民事诉讼模式，也有利于立法者在制度设计时发挥诉讼干预权的积极功能，消除其消极功能。

（二）诉讼领导权的概念

诉讼领导权（судейское руководство），我国学界习惯称为诉讼指挥权，它是指“法院为了保证程序的进行而依据职权运行诉讼程序的权能”。[①] 诉讼领导权具有以下法律特征：

（1）诉讼领导权的目的是保障诉讼程序的顺利进行。例如，法院指定诉讼期日的目的，是召集当事人及其代理人、其他诉讼参与人进行诉讼程序。

（2）诉讼领导权的内容，不包括法院认定事实和适用法律的职权，仅指法院领导诉讼程序进行的职权。

简单地看，民事诉讼有两个主要的主体，一个是当事人，另一个是法官。前面已经分析了当事人与法官的关系，当事人的诉讼行为可以约束法院判决的范围，这是当事人与法官关系的一个方面；另一个方面的关系是，法院有权领导诉讼，在必要的时候进行国家干预。

法院领导权的主要内容包括以下四个方面。

（1）诉讼召集权。诉讼召集权主要表现在诉讼期间制度中。法院通过指定期间和期日，召集当事人及其代理人、其他诉讼参与人参加诉讼。

（2）庭审指挥权。庭审指挥权主要体现在诉讼程序中。法院有权决定审查证据的先后顺序，有权延期审理，有权制裁违反法庭秩序者。

（3）释明权。释明权是大陆法系的一种制度，其实质是法院向当事人发问的一种职权。在以下四种情况下，法院应当行使释明权：①当事人的主张不明确时；②当事人的主张不当时；③诉讼资料（事实和证据）不充分时；④需要提出新的诉讼资料时。[②]

（4）诉讼停止权。诉讼停止权主要表现在诉讼中止和诉讼终结制度中。法院通过作出诉讼中止和诉讼终结的裁定，暂时停止或者永久停止诉讼程序。根据当事人进行主义，当事人不仅有权发动诉讼程序，也有权结

① 江伟主编：《民事诉讼法学原理》，中国人民大学出版社 1999 年版，第 197 页。

② 张卫平：《诉讼架构与程式——民事诉讼的法理分析》，清华大学出版社 2000 年版，第 184 页。

束诉讼程序。当事人结束诉讼程序主要通过诉讼和解、撤诉等诉讼行为进行的。法院在停止诉讼程序方面的权限，要大于当事人的权利。

（三）诉讼干预权与诉讼领导权的区别

诉讼干预权与诉讼领导权都是法院职权行为制约当事人诉讼行为的表现，但两者有着本质的区别。

（1）制度目的不同。诉讼干预权的制度目的是国家干预，从思想源头上讲，就是国家通过法院干涉民事纠纷的解决，以此实现国家干预私人权利的目的；在苏俄时代，这种干预还具有保障和执行国家经济计划的目的。而法院诉讼领导权的制度目的是保障诉讼的公正、有序地进行，并没有干预私权的目的。

（2）作用对象不同。诉讼干预权干预的对象，从实体上讲，是诸如私人契约之类的实体法律关系；从程序上讲，是当事人的诉讼权利，即通过干涉当事人诉讼权利的行使，最终干预私法关系。诉讼领导权领导的对象是诉讼程序，如法院领导、指挥法庭审理。

（3）与辩论原则、处分原则的关系不同。诉讼干预权的行使，与当事人辩论权和处分权的行使是一对矛盾。诉讼干预权的行使，必然会制约当事人辩论权和处分权的行使，降低当事人的诉讼主体地位。而法院行使诉讼领导权的目的是保障诉讼程序公正、有序地进行，并不涉及干涉当事人辩论权和处分权的问题。以法院行使释明权为例，其目的是提醒当事人，促使其提出充分、适当的主张和证据性，而非代替当事人提出新的主张和证据。故此，诉讼领导权的行使的结果是保障当事人辩论权和处分权的行使。

二、苏俄法院的干预—领导关系

（一）苏俄法院干预—领导关系的特点

1. 法院职权的构成

在苏俄民事诉讼中，法院既是国家审判机关，执行诉讼领导权；又是国家干预私权的一个工具，执行诉讼干预权。诉讼干预权和诉讼领导权形影相随，扩大了苏俄法院的职权范围。

2. 法院职权构成的矛盾

必须指出上述职权构成的重大矛盾：诉讼干预权，意味着法院在一定程度上代替当事人辩论和处分，加入到当事人一方；诉讼领导权，表明法院是一个司法机关，应该居中裁判。这就严重违反了基本的诉讼法常识：任何人不得做自己案件的法官。法院既扮演当事人的角色，又是本案的裁判者，无论法院的组织保障和财政保障多么完美，都无法实现司法公正。

3. 法院职权构成的失衡

诉讼干预权和诉讼领导权是一对矛盾，矛盾双方运动的结果是，诉讼干预权的运作遮盖、淡化了诉讼领导权的作用。诉讼领导权逐渐成为法院职权的次要方面，而诉讼干预权几乎占据了法院职权的全部。这就是为什么苏俄诉讼程序规则与大陆法系诉讼程序规则大部分相似，却留给人们强烈的国家干预色彩（超职权主义）的原因。其实就在于诉讼干预权在法院职权中所占比重太大了。

（二）苏俄模式的影响

1. 对其本国诉讼制度的影响

（1）积极影响。从制度理念上看，苏俄构建上述法院职权结构的初衷是消除个人主义和自由主义诉讼观的消极影响，将社会主义民主的理念贯彻到民事诉讼中去，保护国家所有制，保护劳动人民的权益。立法者坚信，“国家的干预和帮助，是公民自由的保证，是公民的权利能够获得保护的保证。”[①] 笔者也相信，苏俄的立法者一定是基于真诚而朴素的愿望，建立法院干预的制度。这并不是一个历史错误。大陆法系国家，在后来的

---

① ［苏］A. Ф. 克列曼：《苏维埃民事诉讼》，王之相、王增润译，法律出版社 1957 年版，第 71 页。

发展中也逐渐加强了法院对民事诉讼的干预，也是一个事实，[①] 印证了苏俄改造辩论原则的必要性。

（2）消极影响。苏俄立法者的出发点是好的，可是，他们没能理顺诉讼干预权与诉讼领导权之间的关系，片面扩大法院的诉讼干预权，用诉讼干预代替诉讼领导，损害了法院的形象和司法公正。

2. 我国民事诉讼立法中的苏俄因素

要证明苏俄干预—领导模式对我国立法的影响，存在因果关系上的困难：用什么证据证明我国立法接受了苏俄传统？与其费力证明，不如论述我国立法中有哪些方面与苏俄模式相似。下面从我国 1982 年《民事诉讼法（试行）》中挑选一个例子，分析其中所体现的法院诉讼干预权与诉讼领导权的关系。

我国《民事诉讼法（试行）》第 56 条第 2 款规定："人民法院应当按照法定程序，全面地、客观地收集和调查证据。"根据大陆法的辩论原则，没有当事人的申请，法院不得主动调查收集证据，这条规定与辩论原则相悖是非常明显的。法院主动调查收集证据，是法院代表国家干预私权的表现，也是法院行使诉讼干预权的表现。我们的疑问是：为什么法律规定了当事人的举证责任，同时又赋予法院主动调查收集证据的权力？原因就在于，当事人举证存在不充分、不适当、不正确的风险，为了实现民事诉讼的任务，法院有责任消除这种风险。于是，我国采用了国家干预的方法解决这个问题。这种解决方案侵犯了当事人的辩论权和处分权，应当予以改变。改变的方案，只能是发挥法院诉讼领导权的职能，构建法院行使释明权的制度。分析的结论是，我国法院依职权调查收集证据的弊端就在

---

① 大陆法系的代表德国，从 20 世纪开始，逐渐否定了绝对的当事人进行主义，加强了国家（法院）的干预。谢怀栻译：《德意志联邦共和国民事诉讼法》，中国法制出版社 2001 年版，"译者前言"。

于没有理顺诉讼干预权和诉讼领导权的关系，忽视法院诉讼领导权，扩张法院干预权的范围。

此外，1982 年《民事诉讼法（试行）》还有一些制度体现了苏俄模式的干预—领导关系。例如，法院依职权进行调解的制度（第 6 条），法院依职权作出保全裁定的制度（第 92 条），等等。

三、当代俄罗斯法院的干预—领导关系

（一）缩小法院干预权的适用范围

通过前文对辩论原则和处分原则变革的分析，我们得出结论：俄罗斯已经废除法院对辩论原则的干预；更加尊重当事人的处分权，严格限制了法院干预权的适用范围。这里不再重复。

（二）突出法院的领导权

1. 明确法院的释明权

1995 年《关于修订和增补〈苏俄民事诉讼法典〉的联邦法律》规定，在本法典有规定的情况下，法院应协助案件参加人实现其权利。2002 年《俄罗斯联邦民事诉讼法典》取消了 1995 年规定的“在本法典有规定的情况下”的限制，一般地规定法院有义务协助案件参加人实现其权利，赋予了法院更大的裁量权。另外，新法典还规定，法院应向案件参加人说明其权利和义务，警告其实施和不实施诉讼行为的后果，虽然法典没有适用释明权的字眼，但是实际上确立了释明权的制度。

2. 强化法院的庭审指挥权

2002 年《俄罗斯联邦民事诉讼法典》第 156 条第 2 款规定：“审判长领导审判庭，为全面和充分地调查证据和案情、排除一切与案件无关的因素创造条件，如果某一案件参加人对审判长的行为提出异议，这些异议应记入审判笔录。审判长对自己的行为进行说明，在合议庭审理案件时，则

由合议庭进行说明。”法院的庭审指挥权，除了一般性地推进诉讼程序以外，还有以下特别规定：

（1）强调了法庭审判秩序，树立法院的司法权威；规定了对违反法庭秩序者的惩罚措施（第 158 ~ 159 条）；

（2）法院在审查证据时，可以考虑案件参加人的意见，确定审查证据的先后顺序（第 175 条）。《俄罗斯联邦民事诉讼法典》第 176 ~ 178 条规定了在法庭上提出的证据种类和法院审查证据的方法。这些证据包括证人的陈述、书证物证、视听资料、鉴定结论和专家咨询意见等。这些证据提出和审查的先后顺序不是一成不变的，而是法院在考虑案件参加人的意见后，依职权确定之。

（3）俄罗斯民事诉讼的法庭审理分为两个阶段，首先是实体审理阶段，其次是法庭辩论阶段。[①] 如果在法庭辩论时或者法庭辩论后，法院认为必须查明对案件审理有意义的新情况，可以作出重新对案件进行实体审理的裁定（第 191 条第 2 款）。

---

① 我国民事诉讼的法庭审理，相应地分为法庭审理和法庭辩论两个阶段，与俄罗斯的规定是一致的。

第五章
民事检察监督的变革——国家干预的变革之二

前面一章论述了法院与当事人之间关系的变革，其结果是削弱了法院的诉讼干预权，提升了当事人的诉讼主体地位。法院诉讼干预权的削弱，意味着国家干预民事诉讼正在走下坡路。在本章，通过对民事检察监督变革的研究，继续论述国家干预在俄罗斯民事诉讼中的命运。

第一节　民事检察监督的概念和理念

一、民事检察监督的概念

民事诉讼的发展史告诉我们，最初的民事诉讼表现为一种两造听审的形态，即原告和被告在法官的主持下进行诉讼，法官最终对他们之间的纠纷作出裁判。随着民事诉讼的发展，简单、纯粹的诉讼形态早已不复存在，民事诉讼的各种制度、程序都日趋复杂、精细。民事检察监督就是这个发展过程中的一个元素，它的存在和发展不仅丰富了民事诉讼的内容，而且对民事诉讼的结构和程序产生了深远的影响。

民事检察监督，是民事诉讼的一种制度，其实质是由检察机关对民事诉讼的某些方面进行监督；这种监督可以是对法院职权行为是否合法的监督，也可以是对当事人行使权利的监督。这就是民事检察监督大概的含义。由于各国检察权概念的差异，特别是检察机关监督民事诉讼的理念和制度的差异，给界定民事检察监督的概念带来了困难。笔者认为，世界上并不存在两个完全相同模式的检察监督，研究民事检察监督，不宜一概而论，而应结合特定国家的历史传统、社会经济条件、法律传统，甚至是文化传统，进行研究。

俄罗斯的历史上存在过三种类型的民事检察监督，对它们的界定，也应该分别进行。

（一）沙俄时期的检察监督概念

受法国制度的影响，俄罗斯于1864年建立了检察监督制度。1864年《司法条例》规定："法官在民事诉讼中是现行法规的正确理智的代表者，也是根据法律对因自然原因而不能亲自出庭的法人或自然人进行保护的人。所谓检察官有义务维护法律的效力，只是在下列意义上了解，既法官按其地位来说，在辩论性诉讼中是无权自行直接作出任何指示的。"① 这种检察监督的内容主要就是检察官参加民事诉讼，以维护法律的实施；监督的对象是当事人权利的行使。

之所以作出上述规定，是因为当时的立法者认为，"诉讼是建立在辩论原则和处分原则上，所以法官不能加以干涉，既然法官不能干涉诉讼，因而就责成检察官在某些特殊情况下必须维护民事法律"。② 1911年，俄罗斯司法部向国家杜马提出了一个几乎是完全废除了检察官参加民事诉讼制度的法律草案。这个草案认为，40年以来，实行检察官参加民事诉讼的制度，没有产生任何实际效果，检察官的意见已经变成一些空洞的形式，所以有必要缩小检察官参加民事诉讼的范围。1911年5月9日的法律，满足了司法部的愿望，缩小了检察官参加民事诉讼的范围。③ 该项立

① ［苏］A. Ф. 克列曼：《苏维埃民事诉讼》，王之相、王增润译，法律出版社1957年版，第155页。

② ［苏］A. Ф. 克列曼：《苏维埃民事诉讼》，王之相、王增润译，法律出版社1957年版，第155页。

③ ［苏］A. Ф. 克列曼：《苏维埃民事诉讼》，王之相、王增润译，法律出版社1957年版，第155页。

法立即引起了法学界的争议，这也可以看作俄罗斯历史上第一次检察监督制度的存废之争。

（二）苏俄时期的检察监督概念

苏俄时期扩大了检察监督的范围，建立了有代表性的检察监督制度。1923 年《苏俄民事诉讼法典》和 1964 年《苏俄民事诉讼法典》都规定了检察长有提起和参加民事诉讼的职权。以 1923 年《苏俄民事诉讼法典》为例，其第 2 条规定，检察长认为对保护国家利益或者劳动人民利益有必要的时候，可以提起诉讼或参加诉讼。此时的检察监督的对象，既包括对当事人权利行使的监督，如代替当事人提起诉讼；又包括对法院职权行使的监督，如对法院裁判提出抗诉。

（三）俄罗斯联邦时期的检察监督概念

俄罗斯联邦成立后，即着手改革苏俄的检察监督制度。随着 1991 年《俄罗斯联邦检察院法》[①]、1993 年《俄罗斯联邦宪法》以及 2002 年《俄罗斯联邦民事诉讼法》的实施，俄罗斯建立了新型的检察监督制度，这个制度的内容放在后面论述，这里只阐述现阶段检察监督的概念。2002 年《俄罗斯联邦民事诉讼法典》取消了 1964 年《苏俄民事诉讼法典》第一章规定的检察监督原则，这意味着，俄罗斯取消了原来由检察院监督法院职权行使的规定。因此，当代俄罗斯检察监督的概念只包括由检察长监督当事人权利行使的内容。

二、苏俄的检察监督理念

苏俄检察监督理念的总体特点是，诉讼理念受到了政治理论，或者说受到了意识形态的较大影响。马克思主义，特别是列宁主义的经典著作，成了检察监督理念的主要渊源。

---

① О прокуратуре Российской Федерации. N 2202 - 2201. 自 1992 年 1 月 17 日起实行。

（一）国家干预私权

理解苏俄实行国家干预私权的理念，不仅应当从马列主义经典著作着手，还应当从俄罗斯的文化传统着手。

1. 国家主义的文化传统

从历史现象的因果关系角度分析，至少有以下几个因素培育了俄罗斯强大而久远的国家主义传统。

（1）蒙古鞑靼人的入侵。一方面，为了抵抗侵略，俄罗斯的大公们获得了空前的权力，人民也希望统治者力量强大，以对抗异族的摧残。另一方面，蒙古鞑靼人的入侵和统治，隔断了俄罗斯同西欧的联系，西欧民主自由的思想很难传入俄罗斯。

（2）世俗化的王权。基督教（东正教）在传入俄罗斯之后，东正教会的力量一直不足以与世俗王权对抗。彼得一世的改革进一步推进了俄罗斯国家的世俗化，不受教会控制，使国家达到了高度文明的专制行列。①

以上简述的国家主义传统是俄罗斯历史发展的主要方面。国家主义必然否定个人主义，国家干预私权不过是国家主义理念的一种表现。

2. 马列主义的政治理论

马列主义的政治理论，一向是来源于人民群众、为了人民群众的，自然不能与国家主义同日而语。苏俄的领导人列宁，在一系列的文章、讲话和信件中，明确表明了社会主义的国家干预思想。

（1）列宁在给德·伊·库尔斯基的信中，阐述了司法人民委员部在新经济政策条件下的任务。② 在信中，列宁提出了著名的干预私法关系的公式，前面已有介绍，此处不赘。这个公式的核心内容有两个：第一，国

---

① ［俄］尼·别尔嘉耶夫：《俄罗斯思想》，雷永生、邱守娟译，三联书店 1995 年版，第 15 页。

② 《列宁全集（第 42 卷）》，人民出版社 1987 年版，第 427 页。

家必须对私法关系进行国家干预；第二，把革命的法律意识，而不是罗马法，运用到民事法律关系上去。

（2）列宁在给《德·伊·库尔斯基的信并附对民法典草案的意见》中指出：“不要迎合‘欧洲’，而要在国家对‘私法关系’和民事案件的干预方面有所突破。”①

列宁的这些思想，直接影响了苏俄民事诉讼法典及相关法典的制定。苏俄对私权实行国家干预的制度，就是按照列宁的思想建立的。

（二）检察机关监督审判机关

苏俄的检察监督理念，不仅包括检察机关对当事人的监督，还包括检察机关对法院的监督。

列宁在《给约·维·斯大林的信并转致中央政治局》的信中，附具了《论“双重领导”和法制》的文章。这篇文章及其他相关文章阐述了关于检察监督的主要观点：

（1）检察机关的领导体制不应该是“双重”领导。

（2）检察机关的职权是注意使整个共和国对法制有真正一致的理解，不管任何地方差别，不受任何地方影响。

（3）根据保障法制统一的任务，检察机关有权监督地方政权机关的一切决定或决议，是否合乎法制原则，并对它们有提出异议的权力和义务。检察机关虽然有权提出异议，但无权停止决议的执行。②

（4）为了实现民事诉讼中的国家干预，不仅应该发挥法院的积极性和主动性，也必须赋予检察长这样的权力，使他有可能实现法律委托给他的任务。

检察机关对法院进行监督，实际上是给裁判者设立了一个监督者，进入了一个无限监督的循环之中。

---

① 《列宁全集（第42卷）》，人民出版社1987年版，第444页。

② 《列宁全集》，人民出版社1987年版，第195~196页。

三、俄罗斯检察监督理念的变革

俄罗斯联邦成立后，根据西方的政治理论和法律理论，改变了苏俄的检察监督理念。

（一）国家干预私权理念的变革

1990年以后，市民社会的思潮开始在俄罗斯兴起，国家开始越来越少地干预公民之间的相互关系，公共性原则开始让位于处分原则，甚至在当时的刑事诉讼程序中也出现了扩大处分原则适用的趋势。[①] 在这种背景下，俄罗斯逐渐通过立法否定了干预私权理念，确定了检察监督的新理念。

1. 从干预理念转变为私法自治理念

承认和保障当事人的私法自治权。《俄罗斯联邦民法典》第2条第2款规定："公民（自然人）和法人以自己的意志和为自己的利益取得和行使其民事权利。他们在根据合同确定自己的权利、义务方面，以及在确定不违背法律的合同条件方面，享有自由。"这个条文表明俄罗斯已经转变了国家干预民事权利的理念，确立了保护当事人意思自治的理念，即确定了当事人的意思自治，国家在当事人意思自治的范围内，无权进行干涉。

2. 从特殊保护的理念转变为平等保护理念

平等保护民事权利，国家所有权不再受到特殊保护。《俄罗斯联邦民法典》第1条第1款规定："民事立法的基本原则是确认民事立法所调整的关系参加者一律平等，财产权不受侵犯，合同自由，不允许任何人随意干涉私人事务，必须无阻碍地行使民事权利，保障恢复被侵害的权利及其司法保护。"这个条文表明，无论国家享有的民事权利还是私人权利，都一律平等，国家所有权不再受到特殊保护。此外，《俄罗斯联邦民事诉讼法典》第2条取消了苏俄立法优先保护社会主义经济体系和社会主义所有

① См. *Петрухин. И. Л.*. Прокурорский надзор и судебная масть. Москва, 2001. С. 83.

制的做法，将保护公民民事权利的规定置于保护联邦以及联邦主体的民事权利之前。

3. 从干预理念转变为保障理念

根据《俄罗斯联邦检察院法》第 1 条，检察院参加民事诉讼的目的是，保障法律的权威和法制的统一，保护公民的权利、自由以及社会和国家的合法权益。这一规定否定了干预私权的理念，体现了保障私权的理念。

（二）检察机关监督审判机关理念的变革

在苏俄时代，检察长监督法院的职权行为，是民事诉讼法的基本原则。法院是民事案件的审理者和裁判者，也是民事纠纷的最终解决者。给法院再设立一个监督者——检察长，他可以随时参加已经开始的任何诉讼，在法庭上有权提出自己的结论性意见，这种做法，不仅违反了辩论原则和处分原则，也侵犯了法院独立的原则。

在俄罗斯联邦成立后，这种给裁判者设立监督者的理念，逐渐被立法者所否定。因为其违反了《俄罗斯联邦宪法》第 120 条第 1 款："法官独立，仅服从俄罗斯联邦宪法和宪法性法律。"民事诉讼法起草小组也认为检察长监督法院的理念不符合宪法，最后将其取消。最终，民事诉讼法典确立检察长参与民事诉讼，而不是监督民事诉讼的理念和制度。

第二节　民事检察监督制度的变革

一、检察长诉讼地位的变革

（一）苏俄模式下检察长的诉讼地位

苏俄学术界对检察长的诉讼地位问题有三种不同的看法：①

---

① ［苏］阿·阿·多勃罗沃里斯基：《苏维埃民事诉讼》，李衍译，法律出版社 1985 年版，第 76～77 页。

（1）当事人地位说。这种观点认为，提起诉讼的检察长应当居于当事人的诉讼地位。持此观点的代表人物是 A. Φ. 柯兹洛夫。

（2）监督者地位说。这种观点认为，检察长在诉讼中的任何时候也不会是当事人，而永远居于法制监督的国家代表地位。此观点的代表人物是：A. Φ. 克列曼、H. A. 切契娜、K. C. 尤杰里松。

（3）原告兼监督者说。这种观点认为，提起诉讼的检察长，只是从诉讼的含义上讲是原告，他同时还要发挥法制监督的职能。这种观点的理由是：第一，提起诉讼的检察长，实际上是行使原告的全部主要职能（论述起诉的理由，对提起的诉讼做说明，参加法庭辩论）；同时，检察长参加诉讼不是为了保护其他私人利益，而是为了保护他人或者国家的权利和利益。第二，检察长的诉讼权利和义务同当事人的权利和义务是不相同的，法院判决的实体法后果也不适用于检察长。第三，检察长参加诉讼时，仍然是对法制实行监督的国家代表，检察长正是采用提起诉讼的方式来实现监督的职能。①

笔者认为，第三种观点正确描述了苏俄模式下检察长的诉讼地位。检察长具有双重身份，既是法院之下的当事人，又是法院之上的监督者，产生了一些消极影响。

（1）侵犯了双方当事人的权益。检察长为了保护他人的权益而提起诉讼，在大部分情况下，不会违背这些人的意思；但不排除个别情况，权利人并不想寻求司法保护，检察长却代之起诉，结果是权利人得到了意想不到的判决，其处分权受到检察长的干预。

（2）破坏了基本的诉讼结构。如前所述，民事诉讼的基本结构是两造听审型的结构。检察长参加民事诉讼，对于法官而言，其居中裁判权受到检察长的制约；如果说法院面对检察长是机关对机关的制约，那么对方

---

① ［苏］阿·阿·多勃罗沃里斯基：《苏维埃民事诉讼》，李衍译，法律出版社 1985 年版，第 76～77 页。

当事人面对的是强大的国家检察机关，从心理上、能力上都受到了较大的限制。

（3）影响了诉讼公正。检察长在诉讼中提出结论，法院不受其约束，反而有权审查之，但检察长的监督权、抗诉权还是可以使法官望而生畏。

（二）现行模式下检察长的诉讼地位

俄罗斯现行模式下，检察长在民事诉讼中处于当事人地位，不再具有法律监督者的身份。根据检察长参加民事诉讼形式的不同，其诉讼地位也有不同表现：检察长提起民事诉讼的，其地位是原告；检察长参加民事诉讼的，其地位是诉讼参与人。笔者这样分类的原因，在后面的论述中进行解释。

在俄罗斯，司法界和学术界对于新法典降低了检察长在民事诉讼中的地位有着不同的看法。以检察机关为代表的人认为，新法典的规定不利于落实宪法关于保护个人和公民的权利与自由的规定，甚至有违反宪法之嫌。[①] 当然，也有人认为，这样的规定有利于保障法官独立。

二、检察长参与民事诉讼范围的变革

（一）1964 年《苏俄民事诉讼法典》确定的范围

1. 必须参加民事诉讼的案件范围

即法律规定检察长必须参加民事案件的范围（《苏俄民事诉讼法典》第 41 条第 2 款），主要有：（1）有关选民名单错误的案件（《苏俄民事诉讼法典》第 234 条）；（2）认定公民失踪或者宣告公民死亡的案件（《苏俄民事诉讼法典》第 255 条）；（3）认定公民限制行为能力或者无民事行为能力的案件（《苏俄民事诉讼法典》第 261 条）；（4）关于剥夺亲权的

① См. : *М. Миров* Прокурор в гражданском процессе // Домашний адвокат. 2003. № 15.

案件（《苏俄婚姻家庭法典》第59条）；（5）在法院依照审判监督程序审理案件时，检察长必须参加（《苏俄民事诉讼法典》第328条第5款），等等。①

2. 应当参加民事诉讼的案件范围

即依据民事诉讼法的概括性规定，由检察长判断是否有保护必要，并自行决定是否及何时参加民事诉讼。1964年《苏俄民事诉讼法典》第41条第1款规定："如果检察长认为有必要保护国家或者社会利益，或者保护公民权利及合法利益，他有权提起诉讼或者在诉讼的任何阶段参加诉讼。"据此，如果检察长认为有必要保护公民的合法权益，不必征求该公民的同意，就可以提起或者参加民事诉讼。这就在很大程度上侵犯了公民的处分权。

上述检察长参加民事诉讼的范围主要可以分为三类：第一类是保护国家利益的案件，检察长代表国家，对案件的处理进行国家干预；第二类是保护社会利益的案件，对这类案件的干预带有公共利益色彩；第三类是保护私人利益的案件，包括剥夺亲权的案件、认定婚姻无效的案件、恢复职工工作等。

（二）2002年《俄罗斯联邦民事诉讼法典》确定的范围

1. 应当参加民事诉讼的案件范围

《俄罗斯联邦民事诉讼法典》第45条第1款规定："检察长有权请求法院维护公民、不确定范围的人的权利、自由和合法利益，或者维护俄罗斯联邦、俄罗斯联邦主体、地方自治组织的利益。维护公民权利、自由和合法利益请求，只有在公民由于健康状况、年龄、无行为能力和其他正当原因不能亲自向法院起诉时，才能由检察长提出。"

---

① ［苏］阿·阿·多勃罗沃里斯基：《苏维埃民事诉讼》，李衍译，法律出版社1985年版，第78页。

2. 必须参加民事诉讼的范围

根据《俄罗斯联邦民事诉讼法典》第 45 条第 3 款及该法典和其他联邦法律的规定，在下列情况下，检察长必须参加民事诉讼：（1）有关强制迁出、恢复工作、有关生命权或健康权的损害赔偿案件；（2）民事诉讼法典特别程序规定的有关案件，如收养申请案件（第 273 条），有关认定公民限制行为能力或者无行为能力的案件（第 284 条），申请宣告未成年人具有完全行为能力的案件（第 288 条），将患有精神病的公民强制安置到精神病住院机构或者延长住院期限的案件（第 303 条）；（3）家庭法典规定的，关于剥夺亲权、恢复亲权或者限制亲权的案件，等等。

与 1964 年《苏俄民事诉讼法典》确定的范围相比，当今俄罗斯检察长参加民事诉讼的范围具有以下特点：

（1）尊重当事人的处分权。在维护公民合法权益时，只有当公民由于健康状况、年龄、无行为能力和其他正当原因不能亲自向法院起诉时，才能由检察长提出。苏俄在这方面的做法，是忽视当事人处分权的。

（2）强化检察长对公共利益的保护。1964 年法典将公共利益称为社会利益，至于什么是社会利益，则未作界定。2002 年法典规定了“保护不特定范围的人的权利、自由和合法利益”，实际上这就是公共利益。在论述俄罗斯经济改革的背景时，提出了保护公共利益（分散性、团体性、边缘性的权益）的必要性。2002 年法典的规定，可以说满足了社会对公共利益保护的法律需求。

（3）保护国家的利益。保护国家的利益，是检察机关的一个基本职能。国家作为一个民事主体，其权益同样需要得到司法保护。谁是国家利益的代表？许多国家规定，检察长有权代表国家进行保护国家利益的诉讼，俄罗斯就是其中的一个代表。需要指出，检察长保护国家利益而参加民事诉讼并不违反国家的处分原则，因为有国家的授权；也并不违反诉讼法理，因为检察长在诉讼中的身份是当事人。特别是对于俄罗斯，市场经济建立之初，发生了大量国有资产流入个别投机分子手中的教训，建立检察长保护国家利益的诉讼机制，就更加具有现实意义。

（4）强化对人身关系的保护。一般认为，婚姻、收养、监护等人身权利，包含公共利益的因素。对这些权利进行特殊的保护是大陆法系国家的惯例。例如，在诉讼中限制辩论原则和处分原则的适用，检察长参加诉讼。

三、检察长参与民事诉讼方式的变革

检察长参与民事诉讼有两种方式：参加民事诉讼和提起民事诉讼。苏俄和俄罗斯的民事诉讼法对这两种方式都作了规定。

（一）1964年《苏俄民事诉讼法典》确定的方式

1964年《苏俄民事诉讼法典》第41条第1款规定："如果检察长认为案件侵犯国家或社会利益，那么他有权提起诉讼或在诉讼的任何阶段参加诉讼。"据此，苏俄检察长参与民事诉讼的方式有二：提起民事诉讼和参加民事诉讼。

1. 检察长提起民事诉讼

检察长提起民事诉讼，是指在利害关系人没有起诉的情况下，检察长有权以自己的名义向法院提起诉讼，以保护国家、社会和公民的合法权益。检察长提起民事诉讼，具有以下法律特征：

（1）检察长提起诉讼的前提条件是民事法律关系的利害关系人没有起诉。检察长与案件没有法律上的利害关系，为什么有权提起民事诉讼？其依据主要在于苏俄民事诉讼处分原则的特殊性，即当事人处分自由与国家干预的结合。处分原则"既包括了当事人的处分权，也包括了赋予作为国家政权代表人的检察长的积极性和主动性"①。

① ［苏］A. Ф. 克列曼：《苏维埃民事诉讼》，王之相、王增润译，法律出版社1957年版，第150页。

（2）检察长参加民事诉讼的方式是向法院起诉。

（3）检察长提起诉讼的目的不是保护其自身的民事权利，而是保护国家、社会和公民的合法权益。

2. 检察长参加民事诉讼

检察长参加民事诉讼，是指在利害关系人已经提起诉讼的情况下，检察长加入正在进行的民事诉讼。检察长参加民事诉讼具有以下法律特征：

（1）检察长参加民事诉讼前提条件是利害关系人提起的民事诉讼已经开始之后，但尚未结束之前。如果这个诉讼尚未提起，检察长有权取代利害关系人以自己的名义提起民事诉讼；如果诉讼已经结束，检察长自然无法参加之，监督的方式只能是提起抗诉。

（2）检察长参加民事诉讼的具体时间段，可以是民事诉讼从开始到结束的任何一个阶段。可以想象，如果检察长在庭审即将结束之时加入其中，对民事诉讼效率的影响：检察长必然要了解案件的审理情况，这样才能提出自己的结论，案件的审理必然要在一定程度上重复进行。

（3）检察长参加民事诉讼的方式是参加诉讼。此时，检察长的身份既是诉讼参与人，又是法律监督者。

（4）提起民事诉讼的检察长，除了达成和解协议的权利和交纳诉讼费用的义务以外，享有原告的全部诉讼权利，承担原告的全部诉讼义务。从检察长提起民事诉讼时具有的权利义务看，检察长的诉讼地位相当于原告。

3. 检察长在民事诉讼中的权利

苏俄民事诉讼法规定，不论是检察长提起诉讼还是参加诉讼，都享有同样的诉讼权利。检察长与当事人诉讼权利的范围相比，有以下差异：

（1）与当事人相同的诉讼权利。这些权利包括了解案件材料的权利，申请回避权，提出证据权，参加审查证据的权利，向其他诉讼参与人、证人、鉴定人提问的权利，等等。

（2）大于当事人的权利。在民事诉讼中，检察长享有普通当事人所没有的“特权”，包括检察长对法院判决有提出抗诉的权利，不论其是否参加了民事诉讼；而当事人没参加诉讼就不能提出抗诉。检察长就审理案件时发生的问题，或者就案件的实质问题，有权提出结论；而当事人只有权对案件审理时发生的问题提出理由和意见，无权就案件的实质问题提出结论性的意见。

（3）小于当事人的权利。当事人在民事诉讼中有权达成诉讼和解协议；而检察长则不能与对方当事人达成诉讼和解协议。另外，检察长放弃诉讼请求时，并不剥夺该诉讼保护的人自己要求对案件进行实质审理的权利。

（二）2002 年《俄罗斯联邦民事诉讼法典》确定的方式

2002 年《俄罗斯联邦民事诉讼法典》第 45 条确定了两种检察长参加民事诉讼的方式：一种是检察长提起民事诉讼，另一种是检察长参加民事诉讼。

1. 检察长提起民事诉讼

与苏俄规定相比，俄罗斯现行有关检察长提起民事诉讼的规定，具有以下特点：

（1）检察长为保护公民的权益而提起民事诉讼，可以分为两种情况：第一种情况是，为保护不特定范围的人的权利、自由和合法权益，而提起诉讼。此时，对检察长提起民事诉讼没有任何限制。第二种情况是，为保护特定公民的权利、自由和合法权益，而提起诉讼。此时，只有在公民由于健康状况、年龄、无行为能力和其他正当原因不能亲自向法院提出请求时，才能由检察长提起民事诉讼（第 45 条第 1 款）。

（2）检察长为维护国家利益而提起民事诉讼，包括维护俄罗斯联邦、俄罗斯联邦各主体和地方自治主体的利益时，不需要得到上述国家权力机关的同意或者授权。这样规定，能够有效地防止国家机关及其公职人员与他人勾结，共同损害国家利益的情况发生。例如，国有资产的流失案件，负有经营、管理国有资产的公职人员，与私人公司相勾结，前者将国有资产贱买给后者，损害了国家利益。该公职人员会主动提起撤销购销合同的诉讼吗？显然不会。而检察长负有监督宪法和法律实施的职责，由检察长代表国家提起民事诉讼保护国家利益是最合法、最恰当的立法选择。

（3）1964年《苏俄民事诉讼法典》，检察长可以对超过诉讼时效的请求，提起民事诉讼；而2002年《俄罗斯联邦民事诉讼法典》则规定，法院可以驳回无正当理由迟延诉讼时效的请求（第152条第6款），表明包括检察长在内的所有当事人，都不能对超过诉讼时效的请求提起民事诉讼。

2. 检察长参加民事诉讼

与苏俄规定相比，俄罗斯现行有关检察长参加民事诉讼的规定，具有以下特点：

（1）采用列举式的方法，严格限制了检察长参加民事诉讼的范围。检察长参加民事诉讼案件的范围，一种情况是民事诉讼法典规定的，如强制迁出、恢复工作等案件；另一种是民事诉讼法典和其他联邦法律规定的其他情况，在此不赘述。

（2）缩小检察长作出结论的适用范围。检察长在参与民事诉讼时，有权对案件的实质问题作出结论，是苏俄民事诉讼立法的创举。所谓作出结论，就是指检察长对案件的处理意见，法院并不一定受检察长结论的拘束，而应当审查检察长的见解是否正确。① 1964年《苏俄民事诉讼法典》规定，不论检察长提起诉讼，还是参加已经开始的诉讼，都有权对任何案件问题提出结论（第41条第3款）。尽管这种结论从行使上不对法官独立构成威胁，但在实质上，不仅具有监督法院的功能，而且侵犯了当事人的诉讼权利。而2002年《俄罗斯联邦民事诉讼法典》，取消了检察长在参加民事诉

① ［苏］А.Ф.克列曼：《苏维埃民事诉讼》，王之相、王增润译，法律出版社1957年版，第151页。

讼时作出结论的权利，检察长在这种情况下，只能与当事人一样，陈述主张和出示证据；法典同时严格限制了检察长作出结论的适用范围：第一，只有在参加民事诉讼时，检察长才可以作出结论；第二，只有在法律有规定的范围内（检察长参加民事诉讼的案件范围），检察长才可以作出结论。新法典的规定，体现了当事人平等原则，同时也尊重了法院的独立性。

3. 司法实践中检察长参加民事诉讼的问题

（1）法院的通知。检察长并不了解哪些民事案件诉至法院，为了实现检察长参加诉讼的职权，有必要建立法院与检察院的沟通机制。在司法实践中，法院通常依据《俄罗斯联邦民事诉讼法典》第 150 条来解决通知检察长参加诉讼的问题。这个条文规定了法官在案件准备阶段需进行哪些行为。其中的一项就是“将法庭审理的时间和地点，通知对案件有利害关系的公民和组织”，虽然法院与案件的处理结果并不存在利害关系，但法院是将这个条文作为通知检察长参加诉讼的依据的。在实践中，法院一般将需要检察长参加诉讼的案件集中安排在一周之内，或者一定的时间段，称之为“检察长周”。

（2）检察长在诉讼中的行为问题。第一个问题，参加民事诉讼的检察长，坐在什么位置？检察长坐在原告这一边，但不能与原告一同对抗被告，以保证诉讼的公正。第二个问题，检察长参加诉讼，是否要遵守法庭秩序？根据《俄罗斯联邦民事诉讼法典》第 158 条的规定，检察长同样需遵守法庭秩序。在法官进入法庭时，他亦需起立；作陈述时，亦需站立。第三个问题，检察长在诉讼中是否参与法庭的证据调查和法庭辩论？根据民事诉讼法典，检察长既然处于诉讼参与人的地位，自然有权参加上述活动。但实际上，基于公正的考虑，检察长一般不参与调查和辩论，在法官征询其意见时，一般都回答“没有”。第四个问题，检察长如何提出结论？实践中，检察长很少对案件的处理提出结论或者建议。只是在极其个别的情况下，如被告严重侵害了公共利益时，才会提出结论。

第六章 构建民事简易程序——诉讼程序的变革之一

苏俄民事诉讼中并没有规定简易程序，这与当时社会经济发展较慢、民事纠纷较少有关。俄罗斯成立后，国家与社会转型，经济危机持续，不仅激发了大量的经济纠纷，也引发了大量的民事纠纷。为了适用社会需要，俄罗斯构建了民事简易程序。

第一节　民事简易程序的概念和功能

一、民事简易程序的概念

民事简易程序，其实质是对民事诉讼第一审普通程序的一种简化。大陆法系国家的民事诉讼法典，大多规定了第一审普通程序，只是在名称上有所差异：在德国叫第一审程序，适用于州法院和初级法院；在法国叫普通程序，适用于大审法院和初级法院；在我国叫第一审普通程序，适用于各级人民法院。第一审普通程序的设计，遵循全面细致的理念，代表了传统民事诉讼的立法体例。20 世纪以来，一些大陆法系国家为了方便、快捷、公正地审判民事案件，建立了民事简易程序。民事简易程序简化了传统的民事诉讼程序，体现了现代民事诉讼的立法趋势。

苏俄民事诉讼法典中，没有规定任何简易程序。在俄罗斯联邦，立法也并没有界定“民事简易程序”，所谓民事简易程序（упрощенный процесс)，是一个学术概念，它的范围包括第一审普通程序中的三个程序：和解法官审理民事案件、法院命令程序、缺席判决程序。

二、民事简易程序的功能

通过民事司法改革和民事诉讼法典的变革，俄罗斯构建了自己的民事简易程序。俄罗斯民事简易程序的适用，主要发挥以下作用。

（1）有利于民众接近司法。接近司法（доступность правосудия），就是更好地实现公民诉诸司法的权利（право на суд）。[①] 接近司法，既涉及司法制度的问题，也涉及民事诉讼程序的问题。在民事诉讼程序中，简易程序十分有利于民众接近司法。原因是：①在一切的诉讼程序中，简易程序处于最低一级，与民众的距离是最近的。②在一切的诉讼程序中，简易程序的规则最为简单，即使没有代理人，当事人也可以比较充分地阐述自己的意见，顺利地进行诉讼。③在一切的诉讼程序中，简易程序的审理期限最短，当事人消耗的时间和金钱也最少。基于以上的理由，民事简易程序是有助于实现接近司法的。

（2）有利于实现司法公正。民事简易程序并非只追求诉讼效率，它最终极的目标不是效率，而是公正。效率只是形式和手段，公正才是实质内容和目的。

（3）有利于实现司法效率。司法效率往往是人们对简易程序的第一印象，也是引起误会的一个原因。必须指出，司法效率和司法公正是一对不可分割的范畴，不可孤立地看待效率与公正。西方法谚云："迟到的正义为非正义"，强调的就是诉讼效率。试想，一个民事案件的审理周期长达5年，甚至10年，对当事人还有何公正可言。

---

① См.: *Приходько И. А.* Доступность правосудия в Арбитражном и Гражданском процессе: основные проблемы. СПб., 2005. С. 13–29.

（4）是司法现代化的标志。有俄罗斯学者指出，现代民事诉讼程序，就是指法院合理、简单、快速地审理和解决民事案件；现代化，也就是简单化。[①]

第二节　和解法官审理案件

一、和解法官主管民事案件的范围

在苏俄时代由区法院审理的部分民事案件，现在移交给了和解法官审理和解决。俄罗斯划分区法院与和解法官主管案件的范围，主要根据案件的难易程度。

《俄罗斯联邦民事诉讼法典》第23条规定了属于和解法官主管的民事案件范围，这可以分为四种类型：（1）家庭法律关系案件；（2）个人劳动争议案件；（3）追索财产案件；（4）确定财产适用程序的案件。

1. 发出法院命令的案件（将在下一节阐述）

2. 家庭法律关系案件

并不是所有家庭法律关系案件都归和解法官主管，例如，关于父母身份的争议的案件，确定父亲身份的案件，剥夺亲权的案件，收养子女的案件，离婚案件中涉及子女抚养的问题，等等，归区法院主管。和解法官主要管辖离婚案件和婚姻无效案件。在离婚案件中，和解法官只负责审理离婚案件中的财产分割问题，以及向子女和没有劳动能力的夫妻一方支付生活费的问题。如果夫妻的共同财产涉及第三方权益，例如，当“夫妻财

---

① См.：*Черемин М. А.* Модернизация гражданского судопроизводства：теоретические аспекты // Иваново - Вознесенский юридический вестник. 2002. № 3.

产可能属于农（牧）场所有，其组成除了夫妻以外还有其他农（牧）场成员，或者属于住宅建筑或其他合作社，其成员未完全缴纳自己的股金，因此对合作社分给他使用的财产不享有所有权”[①] 时，和解法官对案件也有管辖权。

3. 个人劳动争议案件

《俄罗斯联邦劳动法典》[②]，将劳动争议分为集体劳动争议和个人劳动争议两种。集体劳动争议是指雇员（及其代理人）与雇主（及其代理人）之间由于确定和变更劳动条件（包括工资），订立、变更和履行集体合同、协议，以及因为雇主作出在组织工作中的权利规范的文件时拒绝考虑选举出来的雇员机关代表的意见而产生的未解决的矛盾（《俄罗斯联邦劳动法典》第 398 条）。个人劳动争议是指雇主和雇员之间由于适用含有劳动权利、集体合同或协议、劳动合同规范的法律或其他规范性法律文件而产生的未解决的矛盾，其中包括确定或变更已向审理个人劳动争议的机关提出申请的个人劳动条件（《俄罗斯联邦劳动法典》第 381 条）。

集体劳动争议属于联邦法院管辖，而个人劳动争议属于和解法官管辖。例外是关于恢复工作的案件由区法院审理（《俄罗斯联邦民事诉讼法典》第 23 条）。

4. 确定财产适用程序的案件

这里的“财产”是指《俄罗斯联邦民法典》第 128 条所界定的财产概念，“民事权利的客体包括：物，其中包括金钱和有价证券；其他财产，其中包括财产权利；工作和服务；信息；智力活动成果，其中包括智力活动成果的专属权（知识产权）；非物质利益”。因此，不论财产是动产还

---

① См.：Гражданский процесс / Под ред. Треушников М. К. М.，2003. С. 408.

② Трудовой кодекс Российской Федерации. 俄罗斯联邦国家杜马 2001 年 12 月 21 日通过，联邦委员会 2001 年 12 月 26 日批准。

是不动产，是有形财产还是无形财产，关于其适用程序的争议，都由和解法官来主管。

二、和解法官审理民事案件

《俄罗斯联邦民事诉讼法典》并没有规定和解法官审理案件的程序，和解法官审理案件应参照第一审民事诉讼的普通程序，同时考虑到和解法官审理案件的特殊性来进行。与区法院审理案件的程序相比，和解法官审理案件的程序具有以下特点。

1. 诉讼程序灵活

从和解法官审理民事案件的范围看，大多是与普通民众息息相关的案件，例如离婚案件和个人劳动争议案件。这些案件的当事人大多不懂法律，经济状况不佳，没有钱聘请律师为其提供代理服务，如果面对他们的又是烦琐的程序和严厉的法官，他们的实体权利就很难得到保障。可见和解法官对诉讼程序的控制，直接影响到当事人的权益。从笔者旁听的一些案件来看，法官实现了对诉讼程序的优化控制，① 体现在以下两个方面。

（1）审判场所的优化布置。原告与被告由一张桌子相隔而开，法官的审判桌与原告被告席垂直相邻，且处于同一高度，这样不仅从理论上而且从实际上让当事人接近了法官——法官与当事人之间传递司法文书无须起立即可交接。这样的布置，流露出一种和平的气息，不仅有利于当事人达成和解，也有利于判决的结果为当事人所接受。

（2）诉讼程序简化。当事人的陈述、举证和辩论，不按照严格的事实审理——法庭辩论——再事实审理——法庭辩论的顺序进行。而是由和解法官根据认定事实和适用法律的需要，灵活地安排。这种自由陈述的立

① 这些感性的认识，来源于笔者在2005年9月28日旁听俄罗斯圣彼得堡市第103号和解法官审理民事案件时的所见所闻。

法体例，与普通程序阶段性陈述的立法体例形成了鲜明对比。同时也应该看到，自由陈述立法体例的弊端，就是它取决于法官控制诉讼推进的能力。如果法官缺乏经验、思路不清，就会导致诉讼冗长，当事人反复陈述、长时间陈述的后果。顺便提一下，俄罗斯的法官，从来不强制当事人停止陈述，他们认为这是不礼貌的行为。

2. 案件迅速审结

《俄罗斯联邦民事诉讼法典》第 154 条第 1 款规定："法院应在收到起诉状之日起的两个月内审理和解决民事案件，而和解法官应在受理起诉状之日起的一个月内审理和解决案件。"即和解法官审理案件的法定期限是 1 个月。依据法庭审理的不间断原则①，司法实践中的和解法官一般在一次开庭之后，就可以立即作出判决。据笔者的观察，和解法官审理一个离婚案件，在结束法庭审理之后，法官宣布休庭，即进入办公室制作判决。不到 10 分钟，和解法官就将判决制作完毕，并到法庭上宣布。当然，这么短的时间，不可能制作一个完整的判决，制作的只是判决主文。法律规定，判决理由部分应在案件审理终结后 5 日内作出。这是一个案件的审理情况，类似的案件，这位和解法官在一上午的时间能审理 5 件左右，而且大部分能够当庭判决，只有一个案件推迟到以后审理。实践证明，案件的迅速审结，不仅保障了司法效率，并且通过纠纷的顺利解决，还给当事人带来了利益。

三、对和解法官审理案件程序的分析

1. 审级高低的问题

如果一个民事案件由和解法官审判，那么这个民事案件的最终审级就

---

① 根据 2002 年《俄罗斯联邦民事诉讼法典》第 157 条第 3 款："每一案件的法庭审理应该不间断地进行，但退庭休息的时间除外。在已经开始的案件审结之前或宣布延期审理之前，法庭无权再审理其他民事案件、刑事案件或者行政案件。"不间断原则使得法院接受信息的时间接近于对个案作出判决的时间。

是联邦区法院，而区法院是联邦法院体系中的最低审级[①]；如果当事人准备提起再审，那么案件的最终审级是州一级的法院。这就产生了一个问题，即和解法官审理的民事案件是否存在终审法院级别过低的问题。笔者认为，这个问题应该辩证地分析，应该看到矛盾的主要方面。

（1）对当事人平等的疑问。终审级别过低造成了一种不平等的现象。即简单的民事案件，其终审法院是区法院，而复杂的民事案件，其终审法院却是州一级法院。同样是第一审民事案件，其上诉审法院却存在级别上的差异，致使简单的民事案件无法上诉到州一级法院。笔者认为，这个问题不应该简单地从级别上论平等，而应当从诉讼权利上、从诉讼程序上论平等。俄罗斯民事诉讼法并没有像一些大陆法国家那样，限制简单民事案件的上诉权，而是采用繁简分流的方法，将第一审民事案件分给区法院与和解法官，不论案件由哪一级第一审法院审理，都赋予当事人上诉权。从上诉权的自由行使来看，应当认为俄罗斯的规定是平等的。相反，如果由和解法官审理的案件上诉到州一级法院，反倒会出现上诉审法院不了解案件事实、当事人不便诉讼的难题，毕竟数量众多的和解法官距离州一级法院的距离实在太远了。

（2）对和解法官审判水平的疑问。应该指出，并非下级法院法官的水平就比上级法院法官的水平低。首先，和解法官的水平不见得比区法院的法官水平低。和解法官与区法院的法官在法律上的区别，仅在于前者是地方法官，后者是联邦法官。同时应当看到，两者都是专业法官，不是西方模式下的业余法官，不能一概而论水平的高低。其次，区法院法官的水平不见得比州一级法院的法官水平低。从审理民事案件的数量上看，前者比后者的数量多；从与案件事实的距离看，前者比后者的距离要近。综上，不应以级别论水平高低。

---

① 俄罗斯的普通管辖法院体系分为三级：最高一级是联邦最高法院，其次是州一级的法院，最低一级是区法院。

2. 适用什么程序的问题

如前所述，和解法官审理民事案件并没有单独的诉讼程序，这是否会影响到其作为简易程序的一种，发挥出应有的功能？笔者认为，和解法官与联邦法院审理第一审民事案件适用共同的诉讼程序，具有积极的意义。理由如下：（1）方才提到应当从诉讼权利上、从诉讼程序上论平等，而不是从审理的法院上论平等。和解法官审理民事案件与联邦法院审理第一审民事案件适用相同的诉讼程序，有利于体现当事人平等的原则，使当事人得到同等的对待。这一理由说明，程序公正与程序效率相比，俄罗斯更加注重程序公正。（2）联邦法院审理第一审案件的程序本身已经比较简单了。不论是从第一审程序本身的设计，还是从司法实践中适用的效果看，联邦法院审理复杂民事案件的司法效率并不比和解法官审理简单民事案件的司法效率差。这说明和解法官适用的诉讼程序就是一种简易的程序，为其单独构建一种更加简易的程序，不是很有必要。

第三节　法院命令程序（督促程序）

一、法院命令程序的概念

俄罗斯民事诉讼中的法院命令（судебный приказ），是指法院根据债权人向债务人追索金钱或者动产的申请，而制作的一种执行文件（执行依据）。[①] 而法院命令程序，实际上就是大陆法系的督促程序。依法院命令程序，申请人（债权人）向法院申请法院命令（支付令），法院对其申请并不作实质审查，即不审查债权人与债务人之间的债务关系，只审查是

① См.：Юридическая энциклопедия / Под ред. Тихомиров М. Ю. М.，2006. С. 836.

否符合形式要件，就可以作出法院命令。法院命令送达被申请人后，如果被申请人向法院提出异议，则法院应撤销法院命令；如果被申请人没有提出异议，则法院应制作第二份法院命令，这个命令也就是执行依据。俄罗斯民事诉讼中的法院命令程序，具有以下法律特征：

（1）法院命令程序是一种独特的第一审程序。《俄罗斯联邦民事诉讼法典》第二编，一共分为四个分编，分别是：命令程序，诉讼程序，公共法律关系案件的审理程序，特别程序。从四个分编的并列关系来看，俄罗斯立法者的意见就是，命令程序与特别程序不同，同时，命令程序又不是诉讼程序。这种意见与我国立法者的意见相同。我国民事诉讼法的督促程序是独立的一章，既不是诉讼程序，也不是特别程序。

（2）法院命令程序是一种简易程序。从法院命令程序的内容看，它是一种快速实现当事人债权的方法。因此，又可以将法院命令程序视为一种简易程序。

（3）法院命令程序的功能，就是追索债务的快速机制。通过申请法院命令追索债务比通过诉讼的方式更快捷、方便。

二、法院命令程序的立法沿革

1923 年《苏俄民事诉讼法典》列入了第二十一章“关于发出法院命令”（第 219 ~ 235 条），详细规定了法院命令程序。但后来所谓的无争议案件却归属于公证管辖，对债务的追索需借助公证员的执行背书，不再向法院申请。

1985 年 2 月 20 日，苏俄最高苏维埃主席团作出了《关于对未成年子女抚养费追索程序进行某些修改的命令》。其基础是区分无争议的和有争议的追索抚养费案件的合理思想。在发现权利争议时产生诉讼程序，在没有争议时，人民审判员在没有提起民事案件的情况下审理追索未成年子女抚养费的申请。追索抚养费的简易程序的引入成为命令程序复兴道路上的第一个里程碑。[①]

1964 年《苏俄民事诉讼法典》中没有规定命令程序。

1995 年《关于修订和增补〈苏俄民事诉讼法典〉的联邦法律》中增加了对于债权人与债务人之间无争议的债权，进行简化和迅速审理的程序，一共有 10 个条文，这些规定于 1996 年 1 月起生效。在适用过程中，法院命令程序显示出了自己的活力、重要性和有效性。[②] 统计资料显示，在 2001 年，和解法官共作出 297 800 个法院命令，占胜诉案件的 25.9% 。[③]

三、申请法院命令的案件范围

根据《俄罗斯联邦民事诉讼法》第 122 条，当事人对下列案件可以申请法院作出法院命令，本书仅选择与本书论述范围相关的进行论述。

（1）经过公证的法律行为。《俄罗斯联邦民法典》第 163 条第 2 款规定："在以下情况下，法律行为必须进行公证证明：①在法律规定的情况下；②即使法律并不要求该种法律行为采取公证形式，但双方协议约定必须进行公证的情况下。"对这些经过公证的法律行为，可以向法院申请法院命令。

（2）以普通书面形式实施的法律行为。《俄罗斯联邦民法典》第 160 条规定："书面形式的法律行为，应通过拟订表达法律行为内容的文件的方式实施，该文件应由实施法律行为的一人或者多人签字，或者由他们应有方式授权人的签字。"

---

① 关于法院命令程序的历史，可参见 *Черемин М. А.* Приказное производство в Российском гражданском процессе. М. , 2001. С. 24 – 25.

② См. : *Жуйков В. М.* Проблеммы гражданского процессуального права. М. , 2001. С. 62 – 63.

③ См. : Российская юстиция. 2002. № 8. С. 70.

（3）请求的根据是公证员对票据拒绝付款、拒绝承兑、拒绝记载承兑日期所发出的拒绝证书。根据《俄罗斯联邦民法典》第 143、815 条，票据是遵照规定的形式和必备的要件证明的财产权利的有价证券，只有在提交它时才能实现和移转这些权利。为了使票据请求的功能得以正常发挥，必须保障票据法律关系主体的权利，防止其受到侵害，票据拒绝证书就是这些保障手段之一。在付款到期日前，持票人应当请求付款人表示其同意还是不同意付款，也就是承诺付款并表明承兑日期。在全部或部分拒绝付款或者拒绝记载付款日期时，有必要将这一情形固定在文件中，也就是拒绝证书中，以防拒绝的事实引起票据债务中义务主体的疑义。这种拒绝证书是由公证员作出的。如果付款人作出承兑并记载了承兑日期，却不予付款，拒绝付款应当固定在拒绝证书中，因为对于没有制作拒绝证书的拒绝付款票据，只能由承兑的付款人承担责任。

拒绝付款的票据拒绝证书由付款人住所地或者付款地的公证员作出，而拒绝承兑或拒绝记载承兑日期的拒绝证书由付款人住所地的公证员作出。只有根据制作了拒绝证书的票据才可以发出法院命令。制作拒绝证书的票据和没有制作拒绝证书的票据对于出票人具有相同的强制力，但是只有根据制作了拒绝证书的票据才能依据《俄罗斯联邦民事诉讼法典》第 122 条的程序提出追索。向公证员提出请求的期限具有重要意义，法院会检查其是否遵守了这一期限。①

（4）追索未成年子女抚养费的申请。这种申请只能是单纯的追索抚养费，与确定父亲身份、对父母亲身份提出争议，或者与追加其他利害关系人无关。

（5）追索工资的案件。即追索已经算出但未向工作人员支付的工资的程序。无疑，这种追索方式要比提起诉讼更为便捷和优越。

---

① См.：Комментарий к гражданскому процессуальному кодексу Российской Фререрации / Под ред. М. С. Шакарян. М.，2003. С. 244－245.

从上述法院命令的适用范围可以看出，俄罗斯民事诉讼的立法与民事实体法实现了紧密的结合。这一点，值得我们学习。

四、对命令程序的评价

命令程序的具体程序，包括提起程序（提出申请），发出命令或者拒绝发出命令，撤销命令这三个主要阶段。本书对这三个具体程序不作列举式的论述，只选择其中的主要优点和存在的问题进行论述。

（一）主要优点

（1）强化法院命令的性质和效力。法院命令是法官在本法典规定的诉讼中，根据债务人追索金钱或动产的申请而作出的法院裁定。法院命令的效力具有双重性：既具有与法院判决类似的法律效力，同时也是执行文件，并应按执行法院裁决的程序予以执行（第121条）。

（2）简化程序。首先，规定法院命令程序由和解法官一人独任审理（第121、123条）；其次，法庭命令的作出无须经过法庭审理，也无须传唤当事人听取他们的解释；最后，法院命令使用专门表格制作，方便法官制作（第127条第3款）。

（3）加速程序。首先，法官应当在受到法院命令申请书之日起5日内就所提出请求的实质作出法院命令（第126条第1款）；其次，法官向债务人寄送法院命令的副本，债务人在收到命令之日起5日内对命令的执行提出异议（第128条）。

（4）降低诉讼费。提出法院命令申请的，按诉讼请求国家规费标准的50%交纳国家规费（第123条第2款）。

这些程序性规定，体现了简化、迅速、廉价审理民事案件的国际趋势，从而有利于保障债权人债权的顺利实现。

（二）存在的问题

（1）没有建立法院命令与诉讼程序的衔接机制。依据《俄罗斯联邦民事诉讼法典》第129条，如果债务人在规定的期限内对法院命令提出异议，在法院应当撤销法院命令。此时，追索人只能通过诉讼程序提出请求。至于法院命令程序与其后进行的诉讼程序如何衔接的问题，则没有任何规定。这是俄罗斯法院命令程序设计的重大失误，我国督促程序的设计也存在这个问题。德国在这方面的规定，值得中俄两国借鉴。

《德国民事诉讼法》第696条规定，如在提出异议后，另一方当事人申请进行诉讼程序时，发出督促决定的法院应依职权将诉讼案件送交当事人双方事先约定好的法院，如双方当事人要求送交他们同意的另一法院时，送交给该法院。案件的送交应通知当事人；对此不得声明不服。这条规定的核心内容是，法院有权将案件移送至审理争议的法院，这种做法保障了解决纠纷的效率。

（2）有待建立信息化的保障。科技的发展给法院的审判带来了许多方便，在督促程序方面，德国的法院已经建立了以机械方法办理督促程序的技术保障，其目的是简化督促程序并保护申请中的当事人。[①] 在科技应用到司法这个方面，俄罗斯有改进，这个问题不仅涉及前文论述的资金问题，更主要的是，它一个司法公正的问题。

第四节　缺席判决程序

一、缺席判决的概念和意义

世界上许多法律体系中都有缺席审判的规定。例如，在英国，根据统计资料，无论是在高等法院，还是在郡法院，案件的缺席审理都超过了适

① 参见《德意志联邦共和国民事诉讼法典》第703条的修正。

用通常程序审理的案件。俄罗斯的学者们研究了上述现象的社会、经济和法律原因，就是被告确信无望进行防御，没有空闲的时间来完成必要的手续，在没有律师帮助、由当事人进行诉讼的情况下不懂得诉讼程序的细节。类似的情形出现在美国、法国和联邦德国的民事诉讼中。①

1864年，俄罗斯民事诉讼法典禁止在普通法院（第718～735条）和和解法官（第145～155条）中通过缺席判决对案件进行审理。此后的苏俄民事诉讼立法延续了这一传统。

1995年，俄罗斯联邦恢复了缺席判决制度。2002年的民事诉讼法典在俄罗斯的历史上，首次系统地规定了缺席判决的程序。在俄罗斯诉讼程序中恢复缺席判决的原因是，强化和补充辩论原则，提高当事人对自己的行为（不作为）承担责任的意识，加快解决争议，减少按照标准的民事诉讼程序进行审理的案件数量。②

俄罗斯学界对于其本国的缺席判决程序界定为，“在原告同意或被告缺席的情况下，如果该被告已经收到开庭时间和地点的通知，却不说明不到庭的正当原因，又未请求在他缺席的情况下审理案件，依照简化的诉讼程序来审理和解决民事案件”。③

二、缺席判决的适用条件和程序

（一）缺席判决的适用条件

启动缺席审判程序并作出判决必须具备一定的条件。根据《俄罗斯联邦民事诉讼法典》第233条，缺席判决的适用条件如下。

（1）法院已经将开庭的时间和地点通知被告。

---

① См.: Гражданский процесс / Под ред. М. К. Треушников. М., 2003. С. 394–395.

② См.: Гражданский процесс / Под ред. М. К. Треушников. М., 2003. С. 395.

③ См.: Гражданский процесс / Под ред. М. К. Треушников. М., 2003. С. 395.

（2）被告不到庭。关于被告不到庭，需要注意的问题有：①被告不到庭，是指被告在事实上没有到庭，被告在法庭上的沉默不语不得视为被告不到庭。②被告不到庭，必须是被告及其代理人都没有到庭的情况；如果被告的代理人到庭，而被告却没有到庭，不得认定为被告不到庭。③被告不到庭时，法院应该就其不到庭阐述原因。④关于被告不到庭的次数，法律规定只要有一次，就可以认定其不到庭。但在司法实践中，这个次数却被放宽到2～3次。①

（3）被告不到庭没有正当原因。

（4）被告没有请求在他缺席的情况下审理案件。如果被告向法院请求在其缺席的情况下进行审理，他就可以被认为是参加了法庭审理。

（5）原告的同意。如果原告不同意在被告缺席的情况下按照缺席审理的程序进行审理，则法院应推迟案件的审理。因此，原告同意缺席程序是缺席程序得以启动的重要原因。

（二）缺席判决的程序

英国民事诉讼中的缺席审判的特征是，如果被告在规定的期限内没有提出承认向其送达了诉讼资料或者没有对诉讼请求提出实质的书面异议，则在大多数情况下，无须通过正式的庭审由法官助理就可以作出缺席判决（1998年《英国民事诉讼规则》第12～13条）。

在俄罗斯的诉讼中作出缺席判决的程序区别于英国的模式。根据《俄罗斯联邦民事诉讼法典》第234条，在缺席审判时法院应按一般程序审查和评价利害关系主体在起诉时提交的证据，并在案件的准备过程中考虑他们的意见，然后才能在所有材料的基础上作出缺席判决。辩论原则的规定适用于整个范围。

① См.：Комментарий к гражданскому процессуальному кодексу Российской Фререрации / Под ред. М. С. Шакарян. М.，2003. С. 385－386.

原告有权提出各种申请，包括首先是在法庭审理时直接引用新的情况和提出新的证据。法院可以建议原告提交补充信息（《俄罗斯联邦民事诉讼法典》第57条第1款）。但如果这些资料实质地影响了诉讼的最终结果，而被告在先前并没有得到关于它们的通知，显然法院必须提出一个问题，即是否应该延期审理案件并通知被告其所不知的原告的行为。中断之后，争议的审理可以依据民诉法典的共同规则继续进行。不排除新的庭审是通常程序，例如，在被告出庭或原告不同意缺席审判的情况下。

原告的处分权等有关权利受到一些限制。同意缺席审理案件的原告，在未通知被告的情况下不能变更诉讼标的或者诉讼理由，增加诉讼请求的数额（《俄罗斯联邦民事诉讼法典》第233条第4款）。原因是显然的，类似的变更会威胁到被告的利益，因为被告只得到了关于最初形成的请求要点的通知，并正是因为这个请求的原因而没有出庭。

三、对缺席判决的救济

对于未生效的缺席判决，被告有两种救济途径：一种是向作出缺席判决的法院申请撤销缺席判决；另一种是向上一级法院提出上诉或者撤销的请求。被告有权根据自己的需要，自由选择上述途径。

（一）申请撤销缺席判决

《俄罗斯联邦民事诉讼法典》第237条第1款规定，被告有权在向其送达缺席判决副本之日起7日内，向作出缺席判决的法院申请撤销该判决。被告应向法院说明其未出庭的正当理由，并需提出证据加以证明。这种申请法院撤销缺席判决的制度，相当于德国民事诉讼法中的缺席判决异议制度。

受理撤销申请的法院，应将审理撤销缺席判决案件的时间和地点通知本案原告和其他诉讼参与人。对要求撤销缺席判决的申请，法院应在收到申请之日起 10 内开庭审理。诉讼参与人收到开庭通知而不到庭的，不妨碍申请的审理。经过审理，如果法院认定被告不到庭系基于正当理由，被告又提出可能影响判决内容的情况和证据，则法院应撤销缺席判决。撤销缺席判决之后，法院对案件进行重新审理。

（二）提出上诉

被告在两种情况下，有权向作出缺席判决法院的上一级法院提出上诉。如果被告不服和解法官作出的缺席判决，应按照上诉审程序提出申请；如果被告不服区法院法官作出的缺席判决，则应按照撤销审程序提出申请。

（1）被告先向作出缺席判决的法院申请撤销缺席判决，如果法院作出拒绝作出撤销的裁定，则被告有权依据《俄罗斯联邦民事诉讼法典》第 237 条第 2 款提出上诉或撤销。

（2）被告在向第一审法院申请撤销缺席审判的期限（7 日）届满之后，可以直接向第二审法院提出上诉申请或者撤销申请。

四、缺席判决的缺点

（一）缺席判决的制度设计没有完全实现当事人平等原则

（1）实现当事人平等原则的部分。依据当事人平等的原则，规定对被告的缺席判决，就应该对等地规定对原告的缺席判决。《俄罗斯联邦民事诉讼法典》第 167 条第 3 款规定了在原告缺席的情况下，法院有权审理案件；在该条第 4 款规定了在被告缺席的情况下，法院也有权审理案件。依据当事人平等原则，当事人相同的诉讼行为，应该有相同的诉讼后果。原告被告缺席的诉讼后果，都是法院有权在其缺席的情况下审理案件，可见，这一规定是符合当事人平等原则的。

（2）违反当事人平等原则的部分。俄罗斯民事诉讼法虽然规定了原告缺席的法律后果，却没有规定原告缺席时的审理程序和法律救济，其缺席判决程序只适用于被告。对于被告来说，这样的规定是不公平的。既然原告与被告缺席的法律后果相同，为什么不规定相同的审理程序和救济途径？为什么只有被告才可利用救济途径？我们可以检索德国民事诉讼法关于缺席判决的规定，德国民事诉讼法规定的缺席判决适用于双方当事人，这一规定与俄罗斯的制度相同。但是，德国关于缺席判决的具体程序，如辩论期日、缺席判决的禁止等，既适用于被告，也适用于原告；关于缺席判决的救济——声明异议，同样适用于当事人双方。可见，俄罗斯的规定违反了当事人平等原则。

（二）没有规定对当事人恶意提出缺席判决异议的制裁

俄罗斯民事诉讼法典规定，法院作出缺席判决之后，被告有权向该法院申请撤销缺席判决；对于撤销缺席判决的申请，法院应在收到之日起15日内开庭审理。如果被告滥用提出异议的权利，就会导致诉讼无益的拖延，故有必要对滥用权利的被告加以制裁。俄罗斯民事诉讼法却没有这种制裁制度，这是其制度构建上的一块空白，有可能使程序的运转出现问题。在这方面，德国的规定值得借鉴。《德国民事诉讼法》第344条规定："只要缺席判决是按照法定方式作成的，因迟误而生的费用，以非因对方当事人提出无理由的异议而生者为限，即使因声明异议而作出了改变缺席判决的裁判，仍由迟误的当事人负担。"这条规定对恶意提出异议的当事人（不仅是对被告，也可以对原告）规定了经济负担，有效地制止了这种行为的发生。

第七章
改革复审程序——诉讼程序的变革之二

复审程序，是指对已经作出的裁判进行重复审理的程序，一般由上诉审程序和再审程序组成。为了纠正法院裁判可能发生的错误或者偏差，大陆法系国家普遍建立了复审程序。大陆法各国的复审程序之间，既有相同之处，又有较大差异，[①] 无法一概而论。苏俄和俄罗斯的复审程序，是由大陆法的相关制度发展而来，在其自身的发展过程中，又有其独到之处。本章以俄罗斯过去和现在的复审程序为研究对象，结合大陆法国家的复审程序进行研究。

第一节　上诉审程序的变革

一、沙俄民事诉讼的上诉审程序

在论述苏俄民事诉讼第二审程序之前，有必要简单阐述一下沙俄的相关程序，以有助于我们理解苏俄和俄罗斯现阶段的上诉审程序。

俄罗斯 1864 年《民事诉讼条例》确定了两种上诉方式[②]。

---

① 关于大陆法系，包括英美法系国家上诉审程序的详尽比较，参见陈桂明：《诉讼公正与程序保障》，中国法制出版社 1996 年版，第 86～112 页。

② См.: *Яблочков Т. М.* Учебник Русского гражданского судопроизводства. Ярославль, 1912; *Юрьев И. Е.* Курс гражданского судопроизводства. Юрьев, 1912 / Гражданский процесс: хрестоматия. Под ред. М. К. Треушникова. М., 2005. С. 630 – 632.

1. 通常上诉方式

（1）异议，即对缺席判决的异议（отзыв）。对缺席判决的异议（opposition），法国1972年的法令才作出规定，1976的民事诉讼法典才最终确定这种上诉手段。（2）抗告（жалоба），对即时裁定的即时抗告。这种抗告程序，应该对应于德国民事诉讼中的抗告（Beschwerde）程序。后者是指，当事人在法律有特别规定的情况下，或者对于不经言词辩论而驳回有关程序的申请的裁判不服，所提出的上诉。（3）控诉（апелляционная жалоба）[①]，即对第一审法院作出的未生效判决的上诉。控诉审实行事实审，即对案件的实质进行审理，既包括事实认定，又包括法律适用。这里的控诉程序，应该对应于法国民事诉讼中的上诉程序（appel），德国民事诉讼中的控诉程序（Erster Abschitt Berufung），以及英美民事诉讼中的上诉程序（appeal）。它们的共同含义，是对第一审法院的未生效判决不服，向其上一级法院提出的上诉。

2. 非常上诉方式

（1）第三人要求撤销判决的请求（просьбы об отмене решений）。这种上诉方式是指，没有参加诉讼的第三人请求撤销侵害其权利的判决，而不论该第三人是否参加了诉讼。这种上诉方式，对应于法国民事诉讼中的第三人异议（tièrce opposition）。（2）上告（касационная жалоба），即对第二审法院作出的生效判决的上诉。上告程序作为终审程序，实行法律审，即纠正控诉审法院判决适用法律方面的错误，包括实体法和程序法方面的错误。此处的上告，类似于法国法中向最高法院提出上诉（pourvoi en cassation）的程序。因为两者都是再审之诉的一种，都是当事人对已经发生法律效力的判决提起上诉。沙俄民事诉讼中的上告，并不等同于德国民事诉讼法规定的上告（Zweiter Abschnitt Revision），虽然两者都是对第

---

① 我国有学者将“апелляция”译为“控告”，笔者认为译为“控诉”更符合其本意。

二审法院判决不服而提起的上诉，但后者是指，当事人对高级州法院在控诉审中的未生效终局判决不服，向其上一级法院提出的上诉（《德国民事诉讼法》第545条）。（3）再审（пересмотр），即基于实体法的原因对已经发生法律效力的判决进行重新审理。之所以在上诉审程序中安排再审程序，是受到了法国立法的影响。

综上，沙俄时期的上诉审程序既有法国法的因素（控诉、第三人异议、上告、再审），又有德国法的因素（抗告、控诉），还具有自己的特色（异议）。可以概括地认为，沙俄时期的上诉审程序是二元化的上诉程序，具有多种上诉方式。

二、苏俄民事诉讼的上诉审程序

苏俄成立之后，对沙俄时期的上诉审程序进行了彻底的否定，建立了独特的上诉审程序。

（一）废除、改造沙俄的上诉审程序

苏俄成立后，即着手更新法制。1917年12月5日，苏俄颁布了《关于法院的第一号法令》，这标志着苏俄开始全面废弃沙俄关于法院和诉讼程序的立法，逐步建立起自己的司法体系和诉讼程序。上诉审程序的改革，是苏俄司法体系和诉讼程序改革的重要内容，经过立法层面的一废一立，苏俄主要在以下几个方面废除或者改造了沙俄的上诉审程序。

1. 废除控诉程序

如前文所述，控诉程序（аппеляция）是沙俄民事诉讼的一种上诉方式，1917年12月25日苏俄废除了这种上诉方式。当天颁布的《关于法院的第一号法令》第2条规定："地方法院审判所有金额在3000卢布以内的民事案件，判处被告人不超过2年有期徒刑的刑事案件，以及不超过3000卢布的民事诉讼。地方法院的民事、刑事判决是终审判决，不得依控诉程序

(аппеляция) 提起上诉。判决给付金额100卢布以上、剥夺自由7天以上的，允许依撤销程序（кассация）[①] 提起上诉。审理撤销申请的法院为县法院，在首都则是首都地方法官会议。”[②] 这条法令清楚地表明了苏俄对上诉审程序的废与立：废除依控诉程序提起上诉，确立依撤销程序提起上诉。废除控诉程序的理由源于苏俄立法者对资产阶级上诉方式的否定。

沙俄的民事诉讼学界认为，控诉程序具有以下优点：（1）控诉审法院（第二审法院）是由熟练的、有多年工作经验的法官组成；（2）控诉审法院受地方势力影响的程度较小，有利于实现公正司法；（3）控诉审（第二审程序）的存在，可以审查第一审法院的判决是否正确，这样可以使第一审法院的法官们，知道他们所作的判决将要依控诉审程序加以审查，从而提高他们的责任感。[③]

这些观点全部被苏俄的立法者所否定。苏俄的立法者认为，控诉程序是资产阶级民事诉讼的一种上诉方式，在司法实践中，其不但没有发挥出优点，反而表现出许多缺点。（1）从接近司法的角度看，控诉审法院（第二审法院）距离人民较远。第一审法院的数量要比控诉审法院多，在地理上也更加接近人民，使得诉讼参与人可以亲自到法院去提出证据和答辩。而控诉审法院的数量少，距离人民稍远；为了前往控诉审法院所在地的城市，当事人需要支出相当多的费用，因此，无产阶级就不可能前往控诉审法院进行诉讼。（2）从民事诉讼的原则看，控诉审法院违背了直接原则。控诉审受理的案件，绝大多数都是在当事人缺席的情况下进行审

---

① 我国有学者将“кассация”译为“上诉”，笔者认为这样翻译容易与“上诉审”（обжалование）混淆。上诉审是个种概念，而控诉程序、撤销程序等是属概念，两者之间的关系是：前者包括后者，后者是实现前者的途径。就如德国民事诉讼法第三编为上诉审，其下有三章，分别是控诉、上告和抗告程序。

② Декрет о суде № 1. 22 *ноября* 1917 *г. Выверено по изданию*: Декреты Советской власти. Т. I. М., Гос. изд – во полит. литературы, 1957.

③ ［苏］А. Ф. 克列曼：《苏维埃民事诉讼》，王之相、王增润译，法律出版社1957年版，第334~335页。

理；控诉审所利用的资料，也就是第一审所有的资料——起诉状、庭审笔录、判决书等，并没有当事人所提出的资料，这就违反了直接原则。[①]（3）以控诉审为中心，促使第一审法院的法官们提高责任感，并无效果。相反，降低了第一审法官的责任心。他们会认为，案件在控诉审还要审理，控诉审法院会纠正第一审法院的错误。[②] 正是基于以上理由，苏俄立法废除了控诉程序。

2. 将上告程序和抗告程序改造为撤销程序

废除控诉程序后，苏俄仍然承认第二审程序的必要性，即第一审法院适用法律和认定事实都可能发生错误，有必要组织第二审级。苏俄的第二审级不再是控诉程序，而是撤销程序。

笔者认为，苏俄的撤销程序（кассация），是由沙俄民事诉讼的上告程序和抗告程序改造而来。原因是：（1）苏俄主张民事上诉审程序实行地方分权制，借此表明其分权体制相对于革命前集权体制的优越性。根据1864年《民事诉讼条例》第801条，沙俄审理上告案件的国家机关不是法院，而是参议院民事上告司（гражданский кассационный департамент Сената）。[③] 可见，沙俄民事诉讼的上告审[④]设在中央（首都），不在地方。为了扭转审级过高可能给人民带来的麻烦，苏俄遂取消了沙俄的控诉程序，将上告程序由中央降格至地方的市、县一级的法院。（2）苏俄还取消了沙俄民事诉讼的抗告程序，即对裁定提起上诉的程序，将其与上告程

① 这个时期的民事诉讼法学认为，直接原则就是：审理案件和对审理案件作判决的审判员，必须亲自了解案件的所有材料，并且亲自在审判庭上审查各种证据，在审查证据时，允许双方当事人参加。参见［苏］А. Ф. 克列曼：《苏维埃民事诉讼》，王之相、王增润译，法律出版社1957年版，第85页。

② ［苏］А. Ф. 克列曼：《苏维埃民事诉讼》，王之相、王增润译，法律出版社1957年版，第335页。

③ См.：*Васильковский Е. В.* Учебник гражданского процесса（М.，1917.）/ Под ред. и с предисловием В. А. Томсинова. М.，2003. С. 286－287.

④ 这里的最高审级并不是指每一个民事案件都必然要上诉于此，而是指根据法律，民事案件有上诉于此的可能性。

序合并为第二审程序——撤销程序，因此，撤销程序的审理对象，既包括第一审法院作出的判决，又包括第一审法院作出的裁定。（3）将上告程序与抗告程序合并后，苏俄还改造了上告程序的功能，将其由原来的法律审，改造为事实审，以适应第二审法院全面纠错的任务。所以，苏俄的“撤销程序”（кассация）虽然冠以沙俄上告程序（кассация）之名，但其实质内容已经完全改变。如果仍称之为“上告”，就无法准确表达其内涵，故笔者将其译为“撤销程序”。

3. 废除三审终审制，终审法院的级别较低

取消上告程序后，苏俄实行了两审终审制，终审法院一般为市法院、省法院等地方法院。[①] 两审终审制从来都是一把双刃剑，在方便人民诉讼的同时，也带来了一些消极后果：（1）审级过低，容易造成地方政权干预司法的现象。在苏联时代存在“电话法”（телефонное право）现象，主要是指地方党政机关及其领导者，通过给法院负责人打电话的方式干涉司法独立。[②] 同时，地方法院的预算由地方权力机关决定（《苏联宪法》第 146 条），而非由中央财政划拨，也在一定程度上助长了地方政权干预司法权的局面。（2）审级过低，无法发挥最高法院应有的职能。由于大部分民事案件在地方得以解决，苏俄最高法院审理的一审、二审民事案件十分有限，这样就限制了最高法院统一适用法律、解释法律职能的发挥。

（二）苏俄上诉审程序（撤销程序）的特点

1. 苏俄的上诉审程序，从性质上看是续审制

各国民事诉讼的上诉审，可分为三种模式：复审制、续审制和事后审制。[③] 苏俄的上诉审模式是续审制。关于在撤销程序中，当事人可否一并

---

① 此处的地方法院，是指与中央的最高法院相对而言的各个地方法院，而不是 1917 年《关于法院的一号法令》所指的“地方法院”。后者是指最低一级的法院。

② См.: *Тамара Морщакова* На полпути правосудию // Отечественные записки. 2003. № 2.

③ 关于三种模式的区分和含义，参见陈桂明：《诉讼公正与程序保障》，中国法制出版社 1996 年版，第 107～109 页。

提出新的证据，在苏俄的司法实践和理论研究中曾有过激烈的争论：某些撤销审法院有时会拒绝接受当事人提出的新资料，理由是上诉审不审理案件事实，因此就不能接受新的证据；另一些撤销审法院则接受当事人提出的新资料，以查明原判是否正确。[①] 1964 年《苏俄民事诉讼法典》颁布后，结束了这场争论。该法典第 294 条第 1 款规定："法院依照撤销程序审理案件时，应当依据案件的现有资料和当事人及其他诉讼参与人提出的补充材料……"可见，苏俄的撤销程序是以第一审法院固定的诉讼资料为主审理案件，在必要时，当事人及其他诉讼参与人有权补充诉讼资料。这是一种典型的续审制模式。

研究苏俄的续审制，必须结合苏俄废除控诉审程序来进行。前文已经论述，苏俄废除控诉审程序，是基于接近司法直接原则和加强第一审法官责任心的考虑。这就产生了问题，废除控诉审是为了强化第一审程序的功能，是第一审中心原则的表现；建立续审式的撤销程序，又意味着建立了以第二审为中心的模式，到底哪一个程序才是真正的中心？笔者认为，究竟哪一个审级的程序是最重要的、是中心，并不是研究上诉审程序的一个切入点，关键问题在于：在什么限度内允许当事人在上诉审提出新的资料，这种规定对第一审程序和第二审造成了什么影响。

（1）当事人在上诉审提出新资料是否有限制。从 1964 年《苏俄民事诉讼法典》第 294 条的规定看，立法并没有限制当事人提出补充资料的范围。苏俄学界对这一条文的学理解释也认为，当事人不仅可以提出在第一审程序中没有提出的资料，也有权提出在上诉状中未曾说明的理由，并提出补充资料。这种允许在二审中自由提出新资料的立法例，在同样是实行续审制的国家中是罕见的。以德国为例，当事人在控诉审中提出新的攻击或防御方法，必须符合两个条件：第一，必须是由于法定的原因，而未提

① ［苏］A. Ф. 克列曼：《苏维埃民事诉讼》，王之相、王增润译，法律出版社 1957 年版，第 345 页。

出攻击或防御方法。例如，原审被告没有在答辩中提出为进行诉讼必要与适当的防御方法，属于未遵守期间的情况，这种情况必须为《德国民事诉讼法典》第 528 条所规定。第二，必须是依法院的自由心证，认为不至于拖延诉讼的终结，或者当事人非因过失（或者重大过失）而预期时，才准其提出。

（2）苏俄上诉审程序中，当事人有权自由提出新资料，不仅造成了第二审程序的拖延，还削弱了第一审程序的功能。这种自由提出原则，意味着当事人可以将诉讼资料在第一审程序中隐藏起来，等到上诉审程序开始时才向法院提交。这样，第一审法院认定事实和适用法律的结果必然是错误的、不全面的，必然会被第二审法院所撤销或者变更，第一审法院的判决就成了一个“虚幻的判决”。

2. 苏俄的上诉审程序，从程序的发动上看有两种方式

（1）提出撤销请求。依据 1964 年《苏俄民事诉讼法典》第 282 条，当事人或者其他诉讼参与人是提出撤销请求的主体。具体讲，有权提出撤销请求的主体有：第一，当事人；第二，第三人、国家管理机关，不问他们是否实际参加了法庭的审理，只要他们被允许或被吸收参加案件，都有权对未生效的第一审判决提出撤销请求。①

（2）抗诉。依据 1964 年《苏俄民事诉讼法典》第 282 条，检察长，不论他是否参加过该案件的审理，都可以对不合法或者无根据的法院判决提出抗诉。这条规定的特点是：第一，检察长提起上诉的方式是抗诉（протест），与当事人提起上诉的方式——提出撤销请求不同。第二，当事人只有参加第一审诉讼的，才可提起上诉；而检察长不论是否参加过第一审程序，都可以提起抗诉。这种将检察长与当事人区别对待的规定，体现了苏俄对民事诉讼实行国家干预的理念。

---

① ［苏］阿·阿·多勃罗沃里斯基：《苏维埃民事诉讼》，李衍译，法律出版社 1985 年版，第 395 页。

3. 苏俄的上诉审程序，从撤销审法院审查的范围看是事实审和全面审查制

（1）事实审。根据1964年《苏俄民事诉讼法典》第294条第1款规定，“法院依照撤销程序审理案件时……审查第一审法院的判决是否合法和有无根据……”据此，苏俄的上诉审程序是事实审，既审查第一审对事实的认定（是否有根据），又审查第一审对法律的适用（是否合法）。有以下几个因素决定了苏俄的上诉审必然是事实审：第一，苏俄实行两审终审制，第二审法院不仅是上诉审法院，也是终审法院。如果第二审作为终审程序，只审查原审适用法律的对错，并不审查原审认定事实的对错，当事人就失去了对事实问题的上诉机会。所以，从司法救济的角度，有必要采用事实审的上诉审模式。而实行三审终审的大陆法国家，其终审法院是第三审法院，在第二审已经实行事实审的情况下，第三审的功能就主要是纠正法律错误、统一适用法律。第二，苏俄奉行客观真实的民事诉讼原则，这个原则体现在各种诉讼制度和诉讼程序之中。客观真实原则在第二审的体现，必然是实行事实审模式。

从苏俄上诉审程序实行事实审的原因看，对其不应一概否定。事实审对于实行两审终审制的国家来讲是必要的，否定事实审，就意味着否定了对事实问题实行两次审判的原则。对于实行两审终审制的国家，其关键问题不是第二审是否实行法律审，而是是否有必要建立第三审程序，发挥其解释法律和统一适用法律的功能。

（2）全面审查制。根据1964年《苏俄民事诉讼法典》第294条第1款的规定：“法院依照撤销程序审理案件时……审查范围既包括已提起上诉的部分，又包括未提出上诉的部分，以及未提出撤销请求的当事人。”这条规定的含义是，撤销审实行全面审查制，撤销审法院不受当事人撤销请求的制约，有权在撤销请求以外作出判定。这显然违反了处分原则：处

分原则赋予当事人处分自己实体权利和诉讼权利之权，当事人决定撤销请求的范围，自然在处分原则之列。

以下几个因素导致了苏俄的上诉审必然实行全面审查制：第一，苏俄的撤销审法院肩负监督、审查第一审法院裁判的任务。1964 年《苏俄民事诉讼法典》第 11 条规定了上级法院对审判活动实施监督的原则。由上诉审法院对第一审法院的裁判进行全面审查，应该是监督活动的一种。第二，苏俄民事诉讼的客观真实原则，决定了撤销审法院的一个义务，就是全面审查第一审法院的裁判。

三、俄罗斯民事诉讼的上诉审程序

2002 年《俄罗斯联邦民事诉讼法典》改变了苏俄一元化的上诉审程序，建立了二元化的上诉审程序：一个是控诉程序（апелляция），另一个是撤销程序（кассация）。

（一）控诉程序

1. 控诉程序的概念

控诉程序，是指当事人和检察长对和解法官已作出的未生效裁判不服，依法向联邦区法院提起上诉，由区法院对案件进行重新审理并作出判决的诉讼程序。控诉程序是提起上诉的一种方式。控诉程序的名称——апелляция，本来是沙俄民事诉讼上诉审程序的一种，依据沙俄的控诉程序，当事人有权对第一审法院（区法院）的裁判向其上一级法院提出上诉。苏俄成立后，废除了依据控诉程序提出上诉的方式。俄罗斯现行的控诉程序沿用了沙俄控诉程序的名称，在实质内容上却进行了改动：现行控诉程序是对和解法官作出的裁判不服而提起上诉的程序，而不是对区法院作出的裁判不服而提起上诉的程序。

控诉程序的含义是：

（1）有权发动控诉程序的主体，是当事人和检察长。

（2）控诉程序的审理对象，是和解法官已作出的未生效的判决和裁定。

（3）审理控诉案件的法院，是联邦区法院。

2. 控诉程序的发动

（1）有权发动控诉程序的主体。有权发动控诉程序的主体有二：当事人和检察长。其中，当事人的范围包括原审原告和被告，以及第三人和诉讼担当人。

（2）发动控诉的程序。依据发动主体的不同，发动控诉程序有两种方式：一是当事人提出控诉请求（апелляционная жалоба），二是检察长提出控诉意见（апелляционное представление）。新法典规定的检察长提出控诉意见，具有两处革新：一是限制了检察长发动控诉程序的范围，即只有在参加了第一审程序的情况下，检察长才可以提出抗诉意见；二是将检察长提出抗诉（протест），改为检察长提出控诉意见，弱化了检察监督，强化了法院独立和程序公正。

上述两种发动控诉审程序的方式，适用共同的诉讼规则：如在法定期限内提出（在和解法官作出裁判之日起 10 日内提出），提出控诉应采用书面形式（控诉状或者控诉意见），等等。这些技术性的规定，本书略去论述。

3. 控诉程序的审判

沙俄民事诉讼学界将控诉程序分为两种类型：不完全控诉（неполная апелляция）和完全控诉（полная апелляция）。不完全控诉的内容有三个方面：第一，只有第一审法院审理过的证据，才可以成为控诉审法院审理案件的依据。第二，控诉审法院不得援引新事实，提出新证据。第三，在法律规定的情况下，控诉审法院有权将案件发回重审。完全控诉的内容是：第一，当事人在控诉审可以任意提出新证据；第二，控诉审法院审理的对象，不仅是第一审法院作出的判决，而且是案件本身，控诉审法院有权对案件的事实问题和法律问题进行审理；第三，控诉审法院无权将案件发回重审，应该作出相应的判决。[①]

2002年《俄罗斯联邦民事诉讼法典》规定的控诉程序，属于完全控诉程序，在控诉程序的审判方面，具有以下特点：

（1）从适用的诉讼程序看，控诉审法院审理民事案件适用第一审法院的审理规则（第327条第2款）。民事诉讼法典的这条规定，来源于2000年8月7日对1964年《苏俄民事诉讼法典》第318条的修改。[②] 控诉审程序适用第一审程序的规则，而不是参照第一审程序的规则，直接决定了控诉审的审理方式和判决种类，详见以下的论述。

（2）从审理的事实范围看，控诉审法院有权认定新事实，有权审查新证据（第327条第3款）。这条规定并没有规定提出新事实、新证据的条件和限制，控诉审法院有权重新审查、判断和解法官确认的证据，有权对案件事实作出新的认定。

（3）从审理的对象看，控诉审程序属于事实审。第一审法院既审理事实问题，又审理法律问题，这是各国民事诉讼程序的通例，在俄罗斯也不例外。2002年《俄罗斯联邦民事诉讼法典》第195条第1款规定："法院的判决，应当是合法和有依据的。"其中合法性就是对法院审查法律问题的要求，有依据就是对法院审查事实问题的要求。由于控诉审适用第一审程序，所以控诉审既审理事实问题，又审理法律问题，是没有任何疑问的。

（4）从作出的判决看，控诉审法院无权将案件发挥重审。同样是由于控诉审适用第一审程序，所以当控诉审法院认为和解法官裁判没有事实

---

① См.: *Рихтер А. К.* О полной и неполной апеляции // Журнал Министерства Юстиции. 1907. Кн. 3. / Гражданский процесс: хрестоматия. Под ред. М. К. Треушников. М., 2005. С. 638 – 640.

② См.: Комментарий к Гражданскому процессуальному кодексу Российской Федерации / Под ред. М. С. Шакарян. М., 2003. С. 552.

依据时，不得将案件发挥重审，应当依法变更并作出新判决。控诉审法院就是区法院，与当事人和案件事实的距离都很近，即使案件不发回重审，也不会影响案件事实的调查。

上述控诉程序的特点，针对的是和解法官审判案件的特点。和解法官审理民事案件，采用独任、简易、迅速的方式进行；另外，和解法官又是地方法官、不是联邦法官。为了消除和解法官审判的错误，立法者采用了完全型的控诉审模式。

（二）撤销程序

1. 撤销程序的概念

撤销程序，是指当事人和检察长对联邦法院已作出未生效的裁判不服，依法向其上一级法院或者法庭提出上诉，由上级法院进行重新审理并作出判决的程序。撤销程序同控诉程序一样，都是提起上诉的方式。苏俄民事诉讼没有规定控诉程序，但规定了撤销程序。俄罗斯现行的撤销程序，就是通过改造苏俄的撤销程序而来。

撤销程序的含义是：

（1）有权发动撤销程序的主体，是当事人和检察长。

（2）撤销程序的审理对象，是各级联邦法院作出的第一审民事判决和裁定。这里的各级联邦法院，一共包括三级法院：区法院一级；州法院一级（包括州、直辖市、共和国等联邦主体的法院）；俄罗斯联邦最高法院一级。对和解法官作出的裁判不服，应当依照控诉程序提出上诉，不适用撤销程序。

（3）审理撤销程序的法院，是作出第一审法院的上一级法院。例如，对于区法院裁判的上诉，由州法院或者相当于州一级的法院审理。[①] 而对

① 对区法院裁判的上诉，由共和国最高法院、边疆区法院、州法院、联邦直辖市法院、自治州法院、自治区法院审理。

于俄罗斯联邦最高法院民事审判庭判决的上诉，应当由俄罗斯联邦最高法院上诉庭审理。

2. 撤销程序的发动

（1）有权发动撤销程序的主体。有权发动撤销程序的主体有二：当事人和检察长。其中，当事人的范围包括原审原告和被告，以及第三人和诉讼担当人。

（2）发动控诉的程序。依据发动主体的不同，发动控诉程序有两种方式：一是当事人提出撤销请求（кассационная жалоба），二是检察长提出撤销意见（кассационное представление）。与控诉程序发动方式的革新相同，新法典将检察长的抗诉改为检察长提出撤销意见。

上述两种发动撤销审程序的方式，适用共同的诉讼规则：如在法定期限内提出（在第一审法院作出裁判之日起10日内提出），提出撤销应采用书面形式，等等。这些属于技术性的规定，不在本书论述范围。

3. 撤销程序的审理

与控诉程序和苏俄的撤销审程序相比，2002年《俄罗斯联邦民事诉讼法典》规定撤销程序，具有以下法律特征。

（1）现行撤销程序是续审制。2002年《俄罗斯联邦民事诉讼法典》第347条第1款规定："……法院评价案件中现有的证据，以及法院认为当事人在第一审程序中无法提交的补充证据……"这种以现有材料为主，允许提出新材料的上诉审模式属于典型的续审制。在苏俄的续审制模式下，当事人可以任意提出新的证据；2002年法典废除了在撤销程序中随意提出新证据的做法，限制了提出新材料的范围。在新体制下，当事人在撤销审程序中提出新证据，必须同时符合两个条件：第一，当事人必须说明其在第一审程序中未能提交证据的理由，这种说明必须在其上诉状中以书面的形式进行；[①] 第二，当事人的说明必须得到法院的认可。限制在撤销程序中提交新证据，有以下几个积极的影响：第一，限制在第二审中提出新证据，大部分证据得以在第一审中提出，保证了第一审法院功能的发挥；第二，限制在第二审中提出新证据，保证了第二审程序集中、迅速地进行，避免了因提出新证据导致的程序间断和拖延。

（2）现行撤销程序是事实审。根据新法典第 347 条第 1 款："撤销审法院……审查第一审法院的判决是否合法和有根据……"这一规定确立了撤销审程序既审查事实问题，又审查法律问题。撤销审程序实行事实审，与控诉审程序实行事实审相比，两者在事实审的程度上存在着差别。在控诉审程序实施事实审，是适用一审程序对事实问题和法律问题进行审理；而在撤销审实施事实审，事实问题的范围受到当事人处分权的限制，法律问题则受到第一审判决范围的限制。

（3）现行撤销程序是有限的全面审查制。苏俄的撤销审程序对案件实行全面的审查；2002 年《俄罗斯联邦民事诉讼法典》取消了全面审查制，在认定事实方面，完全由当事人来决定事实的范围和证据的提交，取消法院主动调查收集证据的权力；在审查原审判决的合法性方面，规定只有例外情况下才允许法院进行。2002 年《俄罗斯联邦民事诉讼法典》第 347 条第 2 款规定："撤销审法院为了维护法制，有权全面审查第一审法院的判决。"俄罗斯学界对此的解释是："这种审查只有在以下情况下方可进行，例如判决涉及需要社会保护的公民（儿童、老年人、残疾人、无民事行为能力者）的权益，或者涉及国家和社会的利益，以及违反司法权和其他根本的诉讼原则的情况。"[②]

---

① 2002 年《俄罗斯联邦民事诉讼法典》第 339 条第 2 款规定："只有在撤销请求书和撤销意见书中说明新证据不可能向第一审法院提交的情况下，才允许申请人或者提出撤销意见的检察长援引未提交给第一审法院的新证据。"

② См.：Комментарий к Гражданскому процессуальному кодексу Российской Федерации / Под ред. М. С. Шакарян. М.，2003. С. 572.

第二节　再审程序的变革

一、沙俄时期的再审程序

再审程序，是指对已生效的法院裁判进行再次审理的程序。沙俄时期并没有建立独立、完善的再审程序，而是将再审程序作为非常上诉方式的一种，纳入上诉程序。沙俄的再审程序具有以下特点：

（1）再审程序是非常上诉程序的一种，其内容是当事人请求参议院民事上诉司撤销原审法院的裁判。

（2）再审程序由当事人发动，法院和检察长无权发动再审程序。当事人在原审裁判作出之日起10年以内，可以提出再审请求。

（3）当事人发动再审的事由，主要是实体法上的事由。1864年《民事诉讼条例》第794条规定了三种再审事由：①发现了新情形。所谓情形，是指案件的情形，即现实的事实，而不是当事人的理由和主张。当时的学界就认为，“新情形”的说法不准确，“提起再审的事由，是法院没有发现决定案件处理结果的情形。法律规定的不是原审判决作出之后出现的新情形，而是在作出原审判决时就已经存在的事实”。[①] ②据以判决的文件是伪造的：第一，文件的伪造必须由法院刑事判决或者民事裁判认定；第二，原审判决是在伪造的文件的基础上作出的。③原告没有指明被告的居住地，原审法院的裁判是在被告缺席的情况下作出的。[②] 这种事由是程序法上的事由。

---

① См.：*Васильковский Е. В.* Учебник гражданского процесса（М.，1917.）/ Под ред. и с предисловием В. А. Томсинова. М.，2003. С. 288.

② См.：*Васильковский Е. В.* Учебник гражданского процесса（М.，1917.）/ Под ред. и с предисловием В. А. Томсинова. М.，2003. С. 288 – 289.

德国民事诉讼法把再审程序分为两种形式，即取消之诉与恢复原状之诉。这两种形式的差别在于："取消之诉是以原审判违背程序上的规定为理由，恢复原状之诉是以原审判当事人实体上的权利为理由"；"前者是决定诉是否合法的问题，后者是决定诉有无理由的问题"；"取消之诉以维持诉讼法的严肃性为主，恢复原状之诉以维护当事人权益为主"。① 沙俄民事再审程序应当属于恢复原状之诉。②

二、苏俄的再审程序

苏俄全面改造了沙俄恢复原状式的再审程序，在此基础上又建立了苏俄特色的监督审程序。苏俄的再审程序有两个组成部分：一个是依据监督审程序（производство в надзорной инстанции）进行的再审，另一个是依据新发现的情形对已生效的法院裁判（пересмотр по вновь открывшимся обстоятельствам решиний, определений и постановлений, вступивших в законную силу）进行的再审；相应地，再审程序的发动也有两种方式，一是提出抗诉（протест），二是提出再审申请（заявление）。

（一）依监督程序进行的再审（公职人员抗诉启动再审）

依监督审进行再审，是指国家公职人员对已生效的法院裁判，向有关法院提出抗诉，由有关法院进行审判的程序。由于公职人员的抗诉具有监督原审法院审判的功能，所以苏俄将其称为"监督审"，监督审其实就是提出抗诉的程序。监督审与再审的关系是：监督审（抗诉）是提起再审的程序，是再审程序的一部分。

---

① 谢怀栻译：《德意志联邦共和国民事诉讼法》，中国法制出版社2001年版，第137页脚注1。

② 苏俄学者也将这种因新发现事实而提起的再审，称作"恢复案件原状"。参见［苏］А. Ф. 克列曼：《苏维埃民事诉讼》，王之相、王增润译，法律出版社1957年版，第364页。

1. 程序的发动

（1）发动程序的主体。在苏俄，有权依据监督审启动再审程序的主体是国家公职人员，在不同历史时期，公职人员的范围有所不同。

①由行政机关发动监督审程序（苏俄成立后，1923 年民事诉讼法典颁布之前）。1921 年 3 月 10 日，全俄中央执行委员会即苏俄人民委员会颁布了最高审判监督条例，确定了由苏俄人民委员部内设的最高审判监督司实施审判监督的制度。最高审判监督司在认为法院判决违反法律和苏维埃政府政策时，有权撤销法院的判决。[①]

②由检察长和法院院长发动监督审程序。

第一个阶段，主体范围的扩张（1923～1938 年）。1923 年《苏俄民事诉讼法典》规定由检察长发动监督审程序，对于已经发生法律效力的判决可以由共和国检察长或者由省检察长向苏俄最高法院提出抗诉。苏俄于 1926 年、1929 年和 1930 年三次修改了 1923 年《苏俄民事诉讼法典》，在保留原有规定的基础上，扩大了发动监督审程序的公职人员的范围：司法人民委员部、最高法院院长、边疆区检察长、法院院长以及区检察长。[②] 这是苏俄第一次扩大发动监督审程序主体的范围。苏俄学者将这个扩大范围的过程解释为“监督审的分权”，认为监督审更接近审判系统的基本环节，使得上级人民法院有可能迅速对违反法律的行为作出反应，及时地撤销错误的和没有根据的判决，直接指导人民法院的实践。[③]

第二个阶段，主体范围的缩小（1938～1954 年）。1938 年，苏联颁布了法院组织法，对此前存在的监督审程序进行了根本的缩小：法律取消了

① ［苏］A. Ф. 克列曼：《苏维埃民事诉讼》，王之相、王增润译，法律出版社 1957 年版，第 356～357 页。

② ［苏］阿·阿·多勃罗沃里斯基：《苏维埃民事诉讼》，李衍译，法律出版社 1985 年版，第 419 页。

③ ［苏］阿·阿·多勃罗沃里斯基：《苏维埃民事诉讼》，李衍译，法律出版社 1985 年版，第 419～420 页。

司法人民委员部和各个地方司法机关的公职人员（区检察长等）发动再审程序的权力，规定只有加盟共和国最高法院院长和总检察长，以及苏联最高法院院长和总检察长才能发动再审程序。这一规定将发动再审的权力从地方集中到中央，受到了苏俄学者的批评。苏俄学界认为，该规定不仅加重了共和国最高法院和检察长的工作负担，而且破坏了民主集中制。①

第三个阶段，主体范围的再次扩张（1954～1991 年）。苏联最高苏维埃主席团 1954 年 8 月 14 日的命令，从实质上提高了地方法院在监督审程序中的作用，也再次扩张了有权发动再审程序的公职人员范围。1964 年《苏俄民事诉讼法典》再次确认了发动监督审主体范围的扩张，规定：苏联最高法院院长和副院长，苏联总检察长和副检察长；苏俄最高法院院长和副院长，苏俄总检察长和副检察长；自治共和国最高法院院长，边疆区、州、市法院院长，自治共和国、边疆区、州检察长，自治州和自治区检察长。

从上述三个阶段看出：第一，主体范围的扩张是主要方面，而主体范围的缩小只实施了 16 年；第二，苏俄的立法者重视强化监督审，以实现对法院职权行使的监督；第三，监督审的强化，也为国家集中干预私权创造了有利条件。

（2）发动程序的方式。上述公职人员发动再审程序的方式是抗诉。苏俄民事诉讼中的抗诉与我国抗诉的概念不同：苏俄的抗诉由检察长提出，也可以由法院院长提出；而我国的抗诉只能由检察长提出，法院发动再审程序不叫抗诉，而叫作“提审或者指令下级人民法院再审”。

这种依公职人员抗诉发动的再审程序，其制度目的是上级法院监督下级法院。为了达到这个目的，检察长无论是否参加过案件、法院是否审理

① ［苏］阿·阿·多勃罗沃里斯基：《苏维埃民事诉讼》，李衍译，法律出版社 1985 年版，第 420 页。

过案件都可以忽略不计，当事人的处分权也可以忽略不计，唯一的目的就是实现审判监督。

（3）发动程序的理由和期限。苏俄民事诉讼法典没有规定公职人员发动再审程序的理由，即是否发动再审程序，由公职人员自己决定；同时，法典也没有规定公职人员发动再审程序的期限。这与我国人民法院决定再审的理由，即法院认为原判确有错误，有相通之处。

（4）发动程序的性质，虽然是“抗诉”，但并不是再审之诉，而是国家机关之间的一种工作机制。诉讼有三个基本要素：当事人、法院和纠纷，三者缺一不可。以这个标准来衡量，沙俄的再审程序是再审之诉：第一，具备当事人要素——原告和被告；第二，具备法院要素；第三，具备纠纷要素——原告（申请人）要求法院撤销已经生效的法院裁判。以这个标准来衡量，苏俄依监督审发动再审程序就不是再审之诉：第一，不具备当事人要素，没有原告的请求就发动程序；第二，不具备纠纷要素，当事人对案件并没有争议，而是法院、检察长认为案件处理错误才发动再审程序。

2. 程序进行的特点

（1）通知当事人。依监督审发动再审程序是公职人员的行为，而非当事人的行为。根据1964年《苏俄民事诉讼法典》第325条，在程序启动后，法律规定需将抗诉书副本送达原审案件的双方当事人及其他诉讼参与人，在必要时通知其开庭时间和地点。这种通知的目的，不是追加当事人参加案件的审理，而只是将当事人参加案件作为一种查明案件事实的手段。该法典第328条第3款规定：“案件参加人已被通知案件审理时间和地点而未到庭，不妨碍案件的审理。”可见，当事人是否参加诉讼并不重要，他们参加诉讼，只是查明事实的手段；他们不参加诉讼，并不影响公职人员行为的实施与再审程序的进行。

（2）案件的审理范围。依监督审发动的再审程序，实行事实审和全面审查制。第一，法院既审查事实问题（原审对事实的认定是否有根据），又审查法律问题（原审对法律的适用是否合法）。第二，法院对原审判决实行全面审查，对审查依据的资料，既包括已有的资料，又包括在再审中补充的证据；对原审法院作出的裁判，既审查提出抗诉的部分，又审查未提出抗诉的部分；法院不受抗诉理由的限制，既审查抗诉理由，又审查抗诉理由以外的问题。事实审模式和全面审查制的目的，一是加强上级法院对下级法院的监督，二是加强国家对私权的干预。

3. 程序的结束

审理再审案件法院的权限，要远远大于审理上诉案件法院的权限。除了维持、撤销和变革原审裁判以外，法院还可以在原来对案件所作的几个裁判中维持一个裁判的效力。

依据 1964 年《苏俄民事诉讼法典》第 330 条，审理再审案件的法院撤销原审裁判的理由有两个：一个是事实上的原因，即认定原审裁判没有根据；另一个是法律上的原因，即认定原审裁判严重地违反了实体法规范和诉讼法规范。

（二）依新发现的情形进行的再审（当事人申请启动再审）

依新发现的情形进行的再审，是指当事人和检察长在原审裁判生效后，发现了足以影响原审裁判正确性的新情形，向有关法院提出申请，由有关法院进行审判的程序。依新发现的情形进行的再审，大致相当于德国法规定的恢复原状之诉[①]，其性质是再审之诉；而依监督审进行的再审，不是再审之诉，这是两者最本质的区别。再审之诉的性质，决定了依新发现的情形进行再审的程序，具有诉讼程序的特点。

1. 程序的发动

（1）发动程序的主体。根据《苏俄民事诉讼法典》第 334 条，当事人

① 说依新发现的情形进行再审大致相当于德国的恢复原状之诉，是因为前者的发动有检察长的参加，而后者只能由当事人发动。

和检察长都有权提出再审申请。检察长不论是否参加了原审案件的审理，都有权提出申请。应当指出的是，法院不是依新发现的情形进行再审的主体，其理由有二；一是如果作出裁判的法院发现有新的情形足以影响原裁判的正确性，提起再审，自己审理自己发现的事实，就违反了基本的公正——任何人不得做自己案件的法官；二是如果是上级法院发现有新的情形足以影响原审裁判的正确性，上级法院可以通过抗诉的方式提起再审，无须适用依新发现的情形进行的再审程序。所以，立法者的目的应该是——依新发现的情形进行再审，主要是给当事人的一种救济，既然当事人对已生效裁判无权提出抗诉，就赋予其依新发现的情形发动再审的权利。

（2）发动程序的方式。发动这种再审程序的方式是向法院提出再审申请，申请应当以书面形式提出，载明提起再审的理由。

（3）发动程序的理由。根据1964年《苏俄民事诉讼法典》第333条第2款，依新发现的情形对已生效的法院裁判提出再审的理由是：第一，发现申请人以前不知道和不可能知道的对案件具有重大意义的事实；第二，已经发生法律效力的法院刑事判决认定证人证言明显是捏造的，鉴定人的鉴定结论明显是捏造的，翻译明显是不正确的，文件和物证是伪造的，因而作出的判决是不合法或者没有依据的；第三，已经发生法律效力的法院刑事判决认定双方当事人、其他诉讼参与人及其代理人有犯罪行为，以及法官在该案件审理中有犯罪行为；第四，作出裁判所依据的法院民事判决、刑事判决、裁定和决定或者其他机关的决定已经被撤销。在这四种理由中，前三种理由其实不是“新情形”，而是“旧情形”，即在原审审理过程中即存在，而非在原审裁判作出以后才出现；只有最后一种情形可以称为“新情形”。

（4）发动程序的期限。1964年《苏俄民事诉讼法典》第334条规定，案件参加人依新发现的情形提出再审申请，应在确定作为再审依据的情形之日起3个月内提出。

（5）法院对满足上述条件的再审申请，仅进行形式审查，不审查具体的内容。具备形式要件的，予以受理；不具备形式要件的，予以驳回。

2. 程序进行的特点

立法者没有详细地规定审理再审申请的程序。再审程序应根据原审法院的级别，参照第一审程序的规定进行。

3. 程序的结束

经过审理，法院有权作出两种裁定，以结束再审程序：（1）法院认定新发现的情形成立，撤销原审裁判；（2）法院认定新发现的情形不成立，驳回再审申请。

法院撤销原审裁判后，案件依照民事诉讼的共同规则进行审理。

（三）苏俄再审程序对我国再审程序的影响

苏俄再审程序的立法例，以国家干预、审判监督的理念为指导，具有浓重的社会主义法系特征。我国现行民事诉讼法的制定，没有直接承继苏俄立法，但在一定程度上受到了苏俄立法的影响，其中，再审程序就是一个典型的案例。

1. “审判监督”的理念源于苏俄的监督审

我国《民事诉讼法》第十六章名为“审判监督程序”，立法者制定此章的指导思想是：“为了保障审判人员能够正确依法进行审判，草案对民事诉讼的监督作了规定……”① 可见，审判监督程序的制度目的，就是保障审判人员能够正确依法进行审判。我国现行民事诉讼法确定监督民事诉讼的方式有三种：人民法院的监督、人民检察院的监督和当事人的监督。我国的立法者甚至认为，对民事诉讼的监督就是再审程序。大陆法系再审程序的制度目的几乎就没有审判监督这一说法，以前面提到的德国为例，其取

① 干汉斌：《关于〈中华人民共和国民事诉讼法（试行）〉（修改草案的说明）》，1991年4月2日在第七届全国人民代表大会第四次会议上的讲话。

消之诉的目的是维持诉讼法的严肃性，其恢复原状之诉的目的是维护当事人的权益，根本没有提到审判监督。我国民事诉讼法奉行的审判监督，应该受到了苏俄立法的影响。因为苏俄再审程序之一，就是依监督审提起再审，监督审即依据审判监督的理念建立的。

2. 从发动再审程序的主体看，我国与苏俄的规定具有相似性

苏俄发动再审程序的主体有三种：上级法院院长、检察长以及当事人；我国发动再审程序的主体也有三种：各级法院院长和上级法院、上级检察院以及当事人。尽管苏俄实行公职人员（官员）提起再审，我国实行司法机关（官厅）提起再审，但两者在实质上是一致的，在世界范围的立法中都是独树一帜的。

3. 从法院、检察院和当事人发动再审程序的难易程度看，我国采用了苏俄立法的精神

在苏俄，法院院长、检察长发动再审程序没有理由和期限的限制，可以说发动再审比较容易；而当事人发动再审程序有理由和期限的限制，虽然法院在受理申请时不进行实质审查，但毕竟为当事人发动再审设置了障碍，当事人发动再审比较困难。在我国，各个主体提起再审程序的难易程度，可以排列如下：第一，最容易的。各级法院院长和上级法院只要发现本院或者下级法院已生效的裁判确有错误，就有权启动再审程序，法院发动再审程序最为容易，难度系数最小。第二，次容易的。上级检察院发现下级法院已生效的裁判不符合法律规定，欲通过抗诉发动再审程序时，虽然没有提出抗诉期限的限制，但《民事诉讼法》第 185 条为其规定了理由上的限制。可见，检察院发动再审程序比较容易，但要比法院发动再审程序难。第三，最不容易的或者最难的。当事人发动再审程序最为艰难，民事诉讼法为其规定了时间上的限制和理由上的限制。不仅如此，我国民事诉讼法还规定了法院在受理再审申请时实行实质审查制。《民事诉讼法》第 179 条第 1 款规定：“当事人的申请符合下列情形之一的，人民法

院应当再审……”此处应当再审的含义就是“应当受理再审”。对再审申请进行实质审查才决定是否受理，进一步加大了当事人发动再审程序的难度。

下面论述的俄罗斯再审程序的变革，也许会给改革我国的再审程序带来一些启发。

三、俄罗斯联邦的再审程序

由于苏俄的再审程序存在较多问题，所以在起草民事诉讼法典的过程中，产生了激烈的争论。出现了这样几种意见：（1）再审取消论，即主张取消对法院裁判再审这个诉讼阶段；（2）再审转变论，即有的主张将再审转变为一个普通的诉讼阶段，利害关系人能够自由地依据处分原则发动这个程序。结果是，对法院裁判的再审作为一个诉讼阶段得以保留，但做了相当多的改动。① 俄罗斯现行的再审程序立法，仍然采用二元化的模式，仍保留了依监督审发动的再审和依新发现的情形发动的再审这两种方式。

（一）依监督审进行的再审

与1964年法典确定的依监督审进行再审的程序相比，2002年法典进行了以下几个方面的变革。

1. 程序的发动

（1）发动主体的变革。

第一，取消法院院长通过抗诉发动再审程序的职权。根据2002年法典，取消了各个联邦主体的法院院长和副院长、俄罗斯联邦最高法院院长和副院长提出抗诉发动再审程序的职权。但2002年法典保留了一个例外，

---

① См.：Комментарий к Гражданскому процессуальному кодексу Российской Федерации / Под ред. М. С. Шакарян. М.，2003. С. 599.

即本法典第389条规定："俄罗斯联邦最高法院院长和副院长，有权向俄罗斯联邦最高法院主席团提出要求依监督审程序对法院裁判进行再审的意见，以保障司法实践和法制的统一。"根据这个条文的字面含义，在上述情况下俄罗斯联邦最高法院院长和副院长有权将案件提交给最高法院主席团，但是不能对这条规定做扩大解释，它无法适用于所有的依监督审提起的再审程序。①

第二，限制检察长发动再审程序的职权。2002年法典规定，如果检察长参加了原审案件的审理，则其有权对已经发生法律效力的裁判向监督审法院提出再审意见（представление о перемотре）。这个条文取消了检察长提出抗诉发动再审程序的规定，代之以"再审意见"，同样是弱化了国家干预、保障了诉讼公正。

第三，规定当事人发动再审程序的权利。1964年法典没有当事人依监督审发动再审程序的规定，当事人只能向有权提出抗诉的公职人员申诉，由有关的公职人员发动再审程序。2002年法典规定，当事人及其他诉讼参与人有权直接诉诸监督审法院，这条规定反映了民主的要求和民事诉讼的处分原则。②

（2）发动理由的变革。1964年法典没有规定依监督审发动再审程序的理由，2002年法典规定，当事人和检察长应当在提起再审的文书中，指明法院严重违反法律的事实是什么，并进行简单的论述。

（3）发动方式的变革。依监督审发动再审程序有两种方式：一种方式是当事人提出监督请求（надзорная жалоба），另一种方式是检察长提出监督意见（надзорное представление）。当事人提出监督请求与检察长

---

① См.: Комментарий к Гражданскому процессуальному кодексу Российской Федерации / Под ред. М. С. Шакарян. М., 2003. С. 616 – 617.

② См.: Комментарий к Гражданскому процессуальному кодексу Российской Федерации / Под ред. М. С. Шакарян. М., 2003. С. 600.

提出监督意见具有同等的法律效力。这条规定再次表明了俄罗斯理顺了检察监督与正当程序之间的关系。

2. 程序的性质

依监督审发动再审程序的性质已经不是国家机关之间的工作关系，而是一种再审之诉。还是从诉讼的三个要素来考察，由于法院推出监督审程序，检察长由监督者转变为参与者，当事人之间、当事人与检察长之间就有了真正的民事权利义务争议，依监督审发动再审程序也就转变为再审之诉的一种。

3. 程序进行的特点

（1）审理范围。2002 年法典取消了 1964 年法典规定的全面审查制，对案件审理的范围并没有作出特别的规定。依据总则编统领分则编的原则，辩论原则和处分原则可以适用于再审程序之中。据此，再审案件的审理范围应当以当事人请求的范围为限，只有在维护公共利益等例外情况下允许法院全面审查，这就限制了法院干预的范围。

另外，监督审法院侧重对原审适用法律问题的审查，即审查原审法院是否严重违反了实体法规范或者诉讼法规范，是一种法律审的复审制度。而 1964 年法典规定，监督审法院应审查原裁判是否有根据，是否严重违反了实体法规范或者诉讼法规范，是一种事实审的复审制度。

（2）审理期限。再审案件应在一个月内审结，而在俄罗斯联邦最高法院，应当在两个月内审结。

（3）审理程序。审理再审案件的程序，应遵循 2002 年法典第 386 条的规定进行，此处不赘。

4. 程序的结束

经过审理，监督审法院可以作出裁判的种类与 1964 年法典的规定相比基本相同，没有实质性的变化。

（二）依新发现的情形进行的再审

2002 年法典关于依新发现的情形进行再审的规定，与 1964 年法典的规定相比，几乎没有任何实质的改变，也就没有重复论述的必要。

（三）对俄罗斯再审程序立法技术的评价

1. 关于发动再审程序的两种方式

俄罗斯采用两种方式发动再审程序：依监督审发动再审程序，依新发现的情形发动再审程序。这两种程序被分别规定在两章之中，两者又共同构成再审程序编。我们的问题是，是否有必要将两种程序分开规定？从立法技术的角度讲，如果两种程序的共性占主要方面，就应该将两者合并，以体现立法的抽象概括功能；如果两种程序的特殊性占主要方面，就应该将两者分立，以民事诉讼基本原则和制度统领之。依监督审发动再审与依新发现的事实发动再审，两者之间具有一定的差异性：前者实行法律审，后者实行事实审；前者只审查原审裁判是否严重违反了实体法规范和程序法规范，后者则只审查事实问题，即法律事实如何认定的问题，不审查法律问题，是单纯的事实审。这是两者的主要区别。虽然存在审查范围上的区别，但是两者在发动的主体、审理的程序、裁判的作出等方面却具有共性。普遍性与特殊性相比，普遍性占主要方面，所以应当适当抽象，将两者合并为一章。

2. 关于立法语言的精练

俄罗斯关于再审程序的立法语言，复杂冗长，令人费解。例如，法典第 377 条“关于提出监督请求和监督意见的程序”，该法条一共用了 552 个俄文单词来表达提出监督请求和监督意见的程序，里面还充满了俄罗斯联邦各个联邦主体的名称，读起来非常吃力。这是一个普遍存在于俄罗斯立法语言中的问题。而日本民事诉讼法典中类似的规定，只用了 50 个单词左右就表达明确了，其“秘诀”就是抽象概括。

第八章
总结与思考

一、本书论点的总结

（一）中俄两国在法律传统和法律现实方面具有相似性

（1）中俄两国都经历了封建专制、大陆法系和社会主义的法律传统。

（2）在全球化的背景下，中俄两国面临着许多共同问题。

（3）近十年来，中俄两国在经济建设、法治建设方面提出了不同的方案，走出了各自的道路。

（二）民事诉讼法的变革是在一定社会政治、经济和法律条件下进行的

1. 俄罗斯民事诉讼法的变革是在政治转型的背景下进行的

新政权通过宪法建立了独立的司法权，也推进了民事诉讼法的变革。政权的意识形态也决定了民事诉讼法理念的变革。

2. 俄罗斯民事诉讼法的变革是在经济改革的背景下进行的

（1）经济改革的成功，可以为司法独立提供财政保障，也为司法改革和新民事诉讼法的实施提供了财政保障。

（2）经济改革为民事诉讼法的变革提出了新问题，如保护公共利益的问题、迅速解决民事纠纷的问题，等等。民事诉讼法的变革必须要体现和解决这些问题。

3. 俄罗斯民事诉讼法的变革是在司法改革的背景下进行的

（1）恢复和解法官制度。世界上主要有两种和解法官模式：一种是

法国模式，另一种是英美模式。俄罗斯的和解法官制度属于法国模式。和解法官是一个独立的审级，和解法官参与民事司法，有利于民众接近司法，有利于减轻联邦法院负担，实现了民事纠纷的迅速解决。

（2）废除民事陪审制。俄罗斯历史上存在两种陪审制：一种是沙俄时期的陪审团制度，另一种是苏俄时期的人民陪审员制度。俄罗斯于2002年废除了苏俄时期的民事陪审制。民事陪审制的废除，从俄罗斯现阶段的社会经济状况以及实现司法公正和司法效率的角度看，具有一定的合理性。

（3）改革法院的财政保障。法院的财政保障对于实现民事诉讼法的任务和司法公正具有重要意义。俄罗斯构建了法院经费的拨款体制、法院预算的制定体制和执行体制，从法律层面实现了法院的财政保障。但在实际运行中却存在一些问题，如财政资金不到位，财政资金划拨的结构性矛盾，等等。解决这些问题，一是要靠经济发展，二是要调整财政资金分配的比例。

（三）民事诉讼变革的成果——2002年《俄罗斯联邦民事诉讼法典》

（1）新法典的制定过程可以分为三个阶段：发起研究阶段、法典起草阶段和修改完善阶段。

（2）新法典的制定过程体现了三个特点：一是起草新法典与修订旧法典同时进行；二是法典起草与司法实践良性互动；三是注重法典与实体法、宪法法院的判决相协调。

（3）新法典采用总则—分则编的体例，它既继承了旧法典的基本结构，又在一些问题上有所创新。

（四）当事人与法院的关系是民事诉讼的基本问题，也是研究一部法典的切入点

（1）从新法典规定的辩论原则和处分原则看，法院代表国家进行干预的职权受到限制，当事人的行使处分权的范围有所扩大，当事人的诉讼主体地位得以提升。

（2）诉讼干预权，是指法院代表国家干预当事人私权行使的职权；诉讼领导权，是指法院领导诉讼程序的职权。

（3）俄罗斯缩小了法院诉讼干预权的行使范围，突出了法院的诉讼领导权。

（五）民事检察监督的理念和制度都发生了变革

（1）苏俄的民事检察监督理念，不仅包括检察机关对当事人的监督，还包括检察机关对法院的监督。

（2）苏俄检察长在民事诉讼中的地位具有双重性，既是当事人又是监督者。

（3）苏俄检察长参加民事诉讼的范围：第一类是保护国家利益的案件；第二类是保护社会利益的案件；第三类是保护私人利益的案件。检察长参加民事诉讼的目的，主要是保护国家利益，干预私人权利。

（4）俄罗斯改变了苏俄的民事检察监督理念。第一，从干预理念转变为私法自治理念；第二，从特殊保护的理念转变为平等保护理念；第三，从干预理念转变为保障理念。

（5）俄罗斯检察长在民事诉讼中的地位不再是监督者，而是当事人。

（6）俄罗斯检察长参加民事诉讼的范围，与苏俄制度相比，更加尊重当事人的处分权，实现了保护公共利益与尊重当事人处分权的平衡。

（六）构建民事简易程序

（1）为了适应社会需要，俄罗斯构建了民事简易程序。

（2）俄罗斯的民事简易程序，包括和解法官审理案件的程序、法院命令程序和缺席判决程序。

（3）和解法官管辖的案件有：法院命令案件；家庭法律关系案件；个人劳动争议案件；确定财产使用程序的案件。和解法官审理案件的程序灵活，可以迅速审结案件。

（4）法院命令程序，是当事人迅速追索金钱和动产的一种简易程序，相当于大陆法的督促程序。

（5）缺席判决程序，是指在被告不到庭的情况下，法院依原告的申请适用简化的程序审判民事案件。

（七）复审程序的变革

（1）复审程序包括上诉审程序和再审程序。

（2）苏俄的上诉审废除和改造了沙俄的上诉审程序。苏俄的上诉审程序就是一元化的撤销程序，体现了较强的国家干预色彩。

（3）俄罗斯的上诉审程序是二元化的程序，包括控诉程序和撤销程序，弱化了国家干预。

（4）苏俄的再审程序是二元化的程序，包括依监督审提起的再审和依新发现的情形提起的再审，其理念是审判监督和国家干预。

（5）俄罗斯的再审程序保留了苏俄二元化的再审程序，取消了审判监督，弱化了国家干预。

（八）总结

综上所述，俄罗斯民事诉讼变革的实质，或者说变革的精神是：

（1）弱化国家干预，法院和检察长不再干涉当事人私权的行使，而是保障当事人私权的行使。

（2）强化当事人的诉讼权利，主要是辩论权和处分权。

（3）构建了现代化的诉讼程序。

二、进一步的思考

（一）对我国民事诉讼法修改的启示

（1）国家干预的问题。俄罗斯基本上取消了国家对民事诉讼的干预，国家干预仅体现在法院监督当事人处分权的行使上。而我国民事诉讼法仍体现了较强的国家干预理念，法院代表国家干预当事人私权和诉讼权利的行使。例如，我国《民事诉讼法》第 64 条第 2 款关于人民法院依职权调查收集证据的规定，就体现了国家干预的理念。这条规定，如果运用在有关人身关系的案件中是恰当的，如果运用在有关财产关系的案件中就没有必要了。法院提出证据，再由法院判断证据，虽然干预了私权纠纷，但违反了基本的诉讼公正。应该明确法院依职权调查收集证据的适用案件：适用案件是有关人身关系的案件，如收养、监护、认定公民无民事行为能力和限制民事行为能力等案件。在其他案件中，应禁止法院依职权调查收集证据，只允许法院依当事人的申请调查收集证据。

（2）保护私权与保护公共利益协调的问题。苏俄民事诉讼注重保护国家利益，并据此干预当事人的私权。俄罗斯民事诉讼的一个理念是保护私权，在保护私权的前提下保护公共利益，在这种理念的指导下，俄罗斯构建了检察长参加民事诉讼的制度，以及请求保护他人权益的制度。从我国民事诉讼法的任务看，我国还缺少保护公共利益的诉讼理念和制度。在社会经济迅速发展的今天，我国应该建立适应国情的公益诉讼制度，以满足社会的需要。

（3）接近司法的问题。对于俄罗斯而言，接近司法不是一个新话题，苏俄立法者就非常关注这个问题，以彰显社会主义的民主制度。俄罗斯的立法者进一步加强了接近司法，从诉讼费用、诉讼代理、审判组织、诉讼程序等方面进行了全面的改革。我国在一定程度上存在着法院“门槛”高的问题。主要表现有：法院立案难，小额民事纠纷得不到应有的重视；诉讼费用的减、免、缓适用范围狭窄；简易程序不够简易，当事人没有代理人仍难以独立进行；法官对当事人干预过多，如限制和随意打断当事人陈述；审理期限拖延，从立案到开庭审理，从开庭审理到作出判决，从作出判决到宣布判决的几个时间段拖延严重，案件无法连贯、迅速地进行，等等。为了改变现状，就应该以接近司法的理念改造现行民事诉讼法。

（4）检察监督的问题。俄罗斯废除了检察长监督法院的制度，同时将检察长干预私权的制度改造为检察长参与民事诉讼的制度。在我国，检察监督是一个争议较大的问题，不同部门、不同学者之间产生一些争论是很正常的现象。笔者认为，俄罗斯检察监督制度的变革可供我国参考。我国应该取消检察院监督法院审判活动的权力，至于对法官职务犯罪的监督，属于检察院组织法、法院组织法和刑法的问题，不应在民事诉讼法中规定；同时，确定检察院参与民事诉讼的方式，可以是提起诉讼，也可以是参加诉讼，如果检察长没有参加诉讼，就不能提起抗诉。

（5）再审程序的问题。俄罗斯将苏俄的再审程序改造为再审之诉，取消了法院、没有参加诉讼的检察长提起再审程序的职权。我国再审程序名为“审判监督程序”，程序内容主要是法院及其院长、检察院依职权启动再审程序，当事人申请再审程序则需法院审查批准。这是职权主义的一种表现，当事人的诉权受到国家的严重干涉。笔者认为，有必要取消我国“审判监督”的理念，将我国的“审判监督程序”改造为再审之诉，将再审程序的目的改变为保障当事人的诉讼权利和实体权利。

（6）程序法与实体法的紧密结合。无论是在立法上，还是在理论上，我国民事诉讼的目的都是多元的。但民事诉讼无论如何也不能忽视其保障私权的根本目的，离开了这一目的，民事诉讼就失去了方向，就成了形式主义的表演。同时，没有救济就没有权利，民事实体法也需要通过民事诉讼来得到保障。现在，我国制定民法典和修改民事诉讼法的工作正在进行，这是一个保证两者之间紧密结合、彼此协调的难得时机，立法者和起草者应该把握好这一时机，加强在两个法律起草过程中的交流与沟通。例如，举证责任分配的问题，主要应当由实体法作出规定，再通过程序法得以实现，而我国目前有关举证责任的规则大部分是司法解释确立的，效力不高，也不全面，急需改革。又如，商法上存在的一般商业行为，在性质上属于民事法律行为，但由于商事行为快捷性、安全性的要求，其又不同于一般的民事法律行为。例如，对于商事交互计算，如果相应地在民事诉讼上建立一种债务的撤销之诉或者扩大现有反诉的适用范围，就会利于民事纠纷的一次性解决。再如，强制执行中优先权的问题、拍卖的问题、被执行人的追加和变更等问题都涉及实体法上相关制度的构建与完善。总之，这个时代不是争论实体法和程序法孰高孰低的时代，而是促使两者结合，使之更好地保障当事人得到公正、迅速以及便捷救济的时代。

（二）民事诉讼立法全球化的问题

我们可以将苏俄法学界在20世纪50年代，对资本主义国家民事诉讼和司法制度的特点摘录如下：

（1）扩大法官（垄断资本主义的傀儡）的任命原则和不可更换原则；

（2）扩大没有陪审员参加审理的民事案件范围；

（3）加强法院本身所发布的诉讼规则的作用；

（4）越来越多地利用国家仲裁代替法院诉讼；

（5）关于诉讼法问题的法学著作带有世界主义性质。[①]

有趣的是，上述在资本主义国家存在的问题，俄罗斯竟然“重蹈覆辙”，引进了西方式的诉讼理念和制度。笔者认为，这一变化过程不应仅从意识形态的角度解释，而应从民事诉讼立法全球化的背景下解释。所谓全球化也就是普遍的西方化，俄罗斯在历史上有两次接受了西方的法律模式：第一次接受是从公元911年，俄罗斯接受了拜占庭帝国的罗马法，这一过程一直持续到十月社会主义革命以前。苏俄的成立否定了西方自由主义的民事诉讼立法。第二次接受是在苏联解体以后，俄罗斯再次接受了西欧和美国民事诉讼的理念，重建了民事诉讼立法。如果说俄罗斯第一次接受西方民事诉讼传统是宗教传播的附带品，第二次接受则是俄罗斯精心选择的结果。俄罗斯的立法者处于全球化的背景之下，面对传统

① A. Ф. 克列曼：《苏维埃民事诉讼》，王之相、王增润译，法律出版社1957年版，第100页。

与现代、外来与本土之间的冲突与协调，要制定一部优秀的民事诉讼法典，实在不易。

在西方法学观念和法律制度向全球传播和扩张的今天，其影响不亚于一种宗教的传播。率先推行民事诉讼法一体化的是欧共体。1984 年 2 月 28 日，欧洲部长会议通过了《关于改善司法功能的民事诉讼基本原则》的法案。1987 年，由欧共体成员的 20 名代表，组成了一个非政府组织研究制定现代欧洲民事诉讼法典。紧接着，美国开始了将民事诉讼法全球化的努力。1998 年，美国法学会制定了《跨国民事诉讼规则（草案）》；2000 年，国际私法联合会也加入了草案的起草工作。[①] 现在，制定跨国民事诉讼规则的工作仍在进行之中。民事诉讼法的一体化和全球化，远远不止上述工作，在经济全球化的影响之下，法律全球化已经初露端倪。在这种趋势之下再进行民事诉讼立法和理论研究，有必要反思"欧洲标准"和"美国标准"对于发展中国家的价值，结合本国实际开展工作。笔者认为，实行什么标准只是一种参考意见，关键是看民事诉讼立法是否满足了社会需要，是否最大限度地实现了公正。无论是对俄罗斯，还是对我国来说，这都是民事诉讼立法和理论研究的基础。

---

① См.：*Елисеев Н. Г.* Гражданский процессуальное право зарубежных стран. М.，2004. С. 10－11.

参考书目

一、论文类

[1] 陈桂明，刘鹏．俄罗斯民事诉讼法典的修改［J］．比较法研究，2005（3）．

[2] 曾宪义．清末修律初探［A］//法律史论丛（第三辑）［M］．北京：法律出版社，1983．

[3] 田春生．从新自由主义学说看俄罗斯“休克疗法”政策的失败及其原因［J］．世界社会主义研究动态，2004（14）．

[4] 王亚新．论民事、经济审判方式的改革［J］．中国社会科学，1994（1）．

[5] 俄罗斯联邦最高法院院长维亚切斯拉夫·列别杰夫谈俄司法改革［J］．今日俄罗斯，1991，8（33）．

[6] *Салогубова Е. В.* Влияние судебного права на российское гражданское процессуальное законодательство // Вестн. моск. ун-та. сер. 11, Право. 1997. № 2.

[7] *Тамара Морщакова* На полпути к правосудию // Отечественные записки. 2003. № 2.

[8] *Питер Г. Соломон-мл.* Судебная реформа в России: движение сквозь вакуум // Отечественные записки. 2003. № 2.

[9] *Владимир Максимов* История и современное состояние мировой юстиции в России // Отечественные записки. 2003. № 2.

[10] *Александр Ворнов* О некоторых достоинствах и недостатках Гражданского процессуального кодекса // Отечественные записки. 2003. № 2.

[11] *Владимир Максимов* Федеральная целевая программа “Развитие судебной системы России” на 2002-2006 годы // Отечественные записки. 2003. № 2.

[12] Инициативный проект. Основы гражданско-процессуального законодательства Союза ССР и союзных республик // Сов. гос. и право. 1991. № 6.

[13] *Мурадьян Э. М.* К проекту Гражданско-процессуального кодекса Российской Федерации // Судебная власть: надежды и реальность. М. , 1993.

[14] *Сахнова Т. В.* О структуре будущего Гражданско-процессуального кодекса Российской Федерации. // Судебная власть: надежды и реальность. М. , 1993.

[15] *М. Миров* Прокурор в гражданском процессе // Домашний адвокат. 2003. № 15.

[16] *Черемин М. А.* Модернизация гражданского судопроизводства: теоретические аспекты // Иваново - Вознесенский юридический вестник. 2002. № 3.

[17] Janos Kornai, *The Road to a Free Economy - Ten Years After.* Ten Years of Transition: Lesson drawn, Discussed During World Bank Conference in Washington.

[18] Public financing of judicial system. A Review of International Practice. Georgia State University, Andrew Young School of Police Studies Atlanta, Georgia, June 4, 2001.

二、专著类

[19] 张家慧．俄罗斯民事诉讼法研究［M］．北京：法律出版社，2004.

[20]［俄］戈·瓦·普列汉诺夫．俄国社会思想史（第1卷）［M］．孙静工，译．北京：商务印书馆，1988.

[21]［苏］B. B. 马夫罗金．彼得大帝传［M］．余大钧，译．北京：商务印书馆，2000.

[22] 列宁全集［M］．北京：人民出版社，1985.

［23］郭沫若．奴隶制时代［A］//奴隶制时代［M］．北京：人民出版社，1954.
［24］瞿同祖．中国法律与中国社会［A］//瞿同祖法学论著集［M］．北京：中国政法大学出版社，1998.
［25］马克思恩格斯全集［M］．北京：人民出版社，1972.
［26］［美］约翰·亨利·梅利曼．大陆法系：第2版［M］．顾培东，禄正平，译．北京：法律出版社，2004.
［27］［英］玛丽·坎宁安．拜占庭的信仰［M］．李志雨，译．北京：北京大学出版社，2005.
［28］［德］K. 茨威格特，H. 克茨．比较法总论［M］．潘汉典，米健，高鸿钧，贺卫方，译．北京：法律出版社，2003.
［29］［苏］A. Ф. 克列曼．苏维埃民事诉讼法［M］．王之相，王增润，译．北京：法律出版社，1957.
［30］［苏］A. A. 多勃罗沃里斯基．苏维埃民事诉讼［M］．李衍，译．北京：法律出版社，1985.
［31］黄宏，纪玉祥．原苏联七年“改革”纪实［M］．北京：红旗出版社，1992.
［32］张建华．俄国史［M］．北京：人民出版社，2004.
［33］［法］埃米尔·迪尔凯姆．自杀论［M］．冯韵文，译．北京：商务印书馆，1996.
［34］［法］让·文森．塞尔日·金沙尔．法国民事诉讼法要义［M］．罗结珍，译．北京：中国法制出版社，2001.
［35］欧阳涛，周叶谦，肖贤富，陈中天．英美刑法刑事诉讼法概论［M］．北京：中国社会科学出版社，1984.
［36］［德］马克斯·韦伯．经济与社会（上卷）［M］．林荣远，译．北京：商务印书馆，2004.
［37］［美］文森特·帕里罗，约翰·史汀森，阿黛思·史汀森．当代社会问题［M］．周兵，单弘，蔡翔，译．北京：华夏出版社，2002.
［38］谢怀栻．外国民商法精要［M］．北京：法律出版社，2002.

［39］陈桂明．诉讼公正与程序保障［M］．北京：中国法制出版社，1996.

［40］［日］兼子一，竹下守夫．民事诉讼法［M］．白绿铉，译．北京：法律出版社，1995.

［41］柴发邦．民事诉讼法教程［M］．北京：法律出版社，1982.

［42］柴发邦，刘家兴，江伟，范明辛．民事诉讼法通论［M］．北京：法律出版社，1982.

［43］江伟．民事诉讼法学原理［M］．北京：中国人民大学出版社，1999.

［44］张卫平．诉讼架构与程式——民事诉讼的法理分析［M］．北京：清华大学出版社，2000.

［45］［俄］尼·别尔嘉耶夫．俄罗斯思想［M］．雷永生，邱守娟，译．北京：三联书店，1995.

［46］*Дворниченко А. Ю.*, *Тот Ю. В.*, *Ходяков М. В.* История России. М., 2005.

［47］*Исаев И. А.* История государства и права России. М., 2006.

［48］Арбитражный процесс / Под ред. Гукасяна Р. Е. М., 2006.

［49］*Горбачев М. С.* Перестройка и новое мышление: для нашей страны и для всего мира. М., 1988.

［50］*Жуйков В. М.* Судебная защита прав граждан и юридических лиц. М., 1997.

［51］*Котов О. Ю.* Влияние решений Конституционного суда России на гражданское судопроизводство. М., 2002.

［52］*Короткевич В. И.* История Современной России. СПб., 2005.

［53］Юридическая энциклопедия / под ред. Тихомирова М. Ю. М., 2006.

［54］Комментарий к Гражданскому процессуальному кодексу Российской Федерации / Под ред. М. С. Шакарян. Москва,, 2003.

［55］Гражданский процесс. Курс лекций, читанных проф. *Ю. С. Гамбаровым.* 1894-95 ак. г.

［56］*Энгельман И. Е.* Курс русского гражданского судопроизводства. Юрьев, 1912.

[57] Гражданский процесс: хрестоматия. Под ред. *Треушников М. К.* М. , 2005.

[58] *Боннер А. Т.* Принцеп диспозитивности советского гражданского процессуального права. М. , 1987.

[59] *Петрухин. И. Л.*. Прокурорский надзор и судебная масть. М. , 2001.

[60] *Приходько И. А.* Доступность правосудия в Арбитражном и Гражданском процессе: основные проблемы. СПб. , 2005.

[61] Гражданский процесс / Под ред. Треушников М. К. М. , 2003.

[62] *Черемин М. А.* Приказное производство в Российском гражданском процессе. М. , 2001.

[63] *Жуйков В. М.* Проблеммы гражданского процессуального права. М. , 2001.

[64] *Яблочков Т. М.* Учебник Русского гражданского судопроизводства. Ярославль, 1912.

[65] *Юрьев И. Е.* Курс гражданского судопроизводства. Юрьев, 1912.

[66] *Васильковский Е. В.* Учебник гражданского процесса (М. , 1917.) / Под ред. и с предисловием В. А. Томсинова. М. , 2003.

[67] *Рихтер А. К.* О полной и неполной апеляции // Журнал Министерства Юстиции. 1907. Кн. 3.

[68] *Елисеев Н. Г.* Гражданское процессуальное право зарубежных стран. М. , 2004.

[69] *International Encyclopedia of Comparative Law*, Vol. XVI, Civil Procedure, Ch. 13, State Arbitration in Socialist Countries.

[70] L. B. Curzon, *Dictionary of Law* (6th *ed*), Pearson Education Limited, 2002, at 259.

[71] *International Encyclopedia of Comparative Law*, Vol. XVI, Civil Procedure, Ch. 2, History of European Civil Procedure, Section V.

三、法律与案例

[72]《全国人民代表大会常务委员会公报》。

[73]《中华人民共和国最高人民法院公报》。
[74]《关于法院的第一号法令》(Декрет о суде № 1. 22 *ноября* 1917 *г. Выверено по изданию*: Декреты Советской власти. Т. I. М., Гос. изд-во полит. литературы, 1957.)。
[75] 2002 年《俄罗斯联邦民事诉讼法典》(Гражданский процессуальный кодекс Российской Федерации),中译本参见俄罗斯联邦民事诉讼法典[M]. 黄道秀,译. 北京:中国人民公安大学,2003.
[76] 1964 年《苏俄民事诉讼法典》(Гражданский процессуальный кодекс РСФСР)",中译本参见苏俄民事诉讼法典[M]. 梁启明,邓曙光,译. 北京:法律出版社,1982.
[77] 2002 年《俄罗斯联邦国家仲裁程序法典》(Арбитражный процессуальный кодекс Российской Федерации)",中译本参见俄罗斯联邦仲裁程序法典[M]. 黄道秀,译. 北京:中国人民公安大学,2005.
[78] 1996 年《俄罗斯联邦司法体系法》(О судебной системе Российской Федерации)。
[79] 1995 年《俄罗斯联邦国家仲裁法院法》(Об арбитражных судах в Российской Федерации)。
[80] 1997 年《俄罗斯联邦执行程序法》(Об исполнительном производстве)。
[81] 1997 年《俄罗斯联邦司法警察法》(О судебных приставах)。
[82] 1977 年《苏联宪法》(Конституция СССР)。
[83] 1998 年《俄罗斯联邦和解法官法》(О мировых судьях в Российской Федерации)。
[84] 2001 年《俄罗斯联邦刑事诉讼法典》(Уголовный процессуальный кодекс Российской Федерации),中译本参见俄罗斯联邦刑事诉讼法典[M]. 黄道秀,译. 北京:中国政法大学,2003.
[85] 1996 年《俄罗斯联邦民法典》(Гражданский кодекс Российской Федерации),中译本参见俄罗斯联邦民法典[M]. 黄道秀,李永军,鄢一美,译. 北京:中国大百科全书出版社,1999.

[86] 1992 年《俄罗斯联邦检察院法》（О прокуратуре Российской Федерации）。
[87] 2001 年《俄罗斯联邦劳动法典》（Трудовой кодекс Российской Федерации）。
[88] 俄罗斯联邦宪法法院 1998 年 3 月 16 日的判决（Постановление Конституционного Суда РФ “По делу о проверке конституционность ст. 44 УПК РСФСР и ст. 123 ГПК РСФСР” от 16 марта 1998 г. // Сборник постановлений и определений Конституционного Суда РФ 1997-1998. С. 220.）。
[89] 德意志联邦共和国民事诉讼法［M］. 谢怀栻，译. 北京：中国法制出版社，2001.
[90] 法国民事诉讼法典［M］. 罗结珍，译. 北京：中国法制出版社，1999.
[91] 日本新民事诉讼法［M］. 白绿铉，译. 北京：中国法制出版社，2000.

附 录

俄罗斯民事诉讼法典的修改*

陈桂明** 刘 鹏***

从2003年2月1日起，《俄罗斯联邦民事诉讼法典》开始正式施行。这部新法典新在何处，对原来的《苏俄民事诉讼法典》做了哪些修改，对我国立法有何可资借鉴之处，本文就这些问题进行探讨。

一、俄罗斯民事诉讼法典①的立法概况和修改背景

俄罗斯联邦的前身是俄罗斯苏维埃联邦社会主义共和国（PCΦCP，简称苏俄），在历史上，苏俄曾经存在两部民事诉讼法典：一部是1923年《苏俄民事诉讼法典》②，这也是俄罗斯历史上第一部现代的民事诉讼法典，是苏俄为了适应当时的新经济政策、保障民事流转所制定的民事诉讼法典，从1923年到1964年施行；一部是1964年《苏俄民事诉讼法典》③，

---

* 本文的完成离不开中国政法大学黄道秀教授的热情帮助，作为研究俄罗斯法的专家，黄道秀教授向作者提供了最新的研究资料和宝贵的指导意见，在此谨向黄道秀教授致谢。

** 中国政法大学教授。

*** 中国政法大学民事诉讼法学博士研究生。

① 这里只谈俄罗斯近代以来民事诉讼法典的立法概况，不涉及中世纪的古老法典和近代的民事诉讼规则。俄罗斯最早的标志司法机构和诉讼程序集中化和统一化的中世纪法典是1497年的伊凡三世法典；而现代意义的民事诉讼法则是1864年沙皇亚历山大二世进行司法改革时颁行的民事诉讼规则（Устав гражданского производства），该规则完全建立在法国1806年《民事诉讼法典》的基础之上。See *International Encyclopedia of Comparative Law*, Vol. XVI, Ch. 2, pp. 83, 99.

② 该法典于1923年7月7日被批准，自1923年9月1日起施行，共五编，39章，473条。

③ 该法典于1964年6月11日通过，1964年10月颁布实施，共六编，42章，438条。

是苏俄根据《苏联和加盟共和国民事诉讼立法纲要》制定的，从1964年到2002年施行。这两部法典分别施行了差不多40年的时间，可以说适应了当时的社会经济和社会政治条件。2002年10月23日，俄罗斯国家杜马通过了《俄罗斯联邦民事诉讼法典》[①]，该法典于同年10月30日被俄罗斯联邦委员会批准，自2003年2月1日起施行。

俄罗斯民事诉讼法典的修改背景可以从以下三个方面来认识：

（1）社会现实的不断变化，产生了修改法典的需要。苏联解体后，俄罗斯在经济上试图通过一系列的改革措施建立市场经济体系，反映在法律上，国家就不能再像以前那样去积极地干预私人经济和私人生活。为此，俄罗斯着手构建完全符合国际准则的、人道主义的法律基础。[②] 在民事诉讼立法中，改变苏俄时代超职权主义的诉讼模式这个老问题就成为必然的选择。

市场经济和民主政治的发展也给民事诉讼立法提出了新的问题。人们改变了以往对国家机关敬畏的心理，出现了大量逃避诉讼义务的情况。[③] 而在经济转轨中出现的社会贫富差距扩大的问题，也使得俄罗斯不得不考虑如何通过民事诉讼来实现对公民和人的权利与自由的保障与救济。

（2）宪法和实体法的根本修改，要求民事诉讼法典必须作出相应的修改。1993年《俄罗斯联邦宪法》第123条第3款规定："诉讼程序在辩论原则和当事人平等的基础上进行。"这就要求民事诉讼法典必须改变以往的超职权主义传统，确立辩论原则。《俄罗斯联邦民法典》第1条第2款规定："公民（自然人）和法人以自己的意志和为自己的权益取得和行

---

① 该法典的中文译本，参见《俄罗斯联邦民事诉讼法典》，黄道秀译，中国人民公安大学出版社2003年版。本文引用的法典条文，均采用这个译本。

② "俄罗斯联邦最高法院院长维亚切斯拉夫·列别杰夫谈俄司法改革"，载《今日俄罗斯》第8（33）期。

③ 徐青森："俄罗斯民事诉讼立法改革"，见陈光中、江伟主编：《诉讼法论丛（第4卷）》，法律出版社2000年版，第417页。

使民事权利。他们在根据合同确定自己的权利和义务方面及在规定任何不与立法相抵触的合同条件方面享有自由。”① 这就为在民事诉讼法典中确立处分原则提供了实体法的依据。随着《俄罗斯民法典》三个部分的通过施行，② 民事诉讼法典的制定和通过就被提上了议事日程。

（3）对传统法律思想的反思和现代西方法律思想的引入，为制定民诉法典提供了先进的理论支持。“在前苏联70年的法律思想史中，法律思想长期禁锢于‘法是统治阶级的意志’‘法是国家暴力的工具’等的法哲学思想，并是单一而无二至的思维模式。”③ 这种思想反映在民事诉讼立法中，表现为苏俄民事诉讼法的超职权主义特征。从民事诉讼的基本原则——辩论原则和处分原则看，它们都无一例外地受到法院的强烈干预，以示同资产阶级民事诉讼法的本质区别之一。由此出发，民事诉讼的基本制度、程序等具体规定也都深深打上了国家干预的烙印。苏联解体前后，俄罗斯的法律思想开始解禁，对意识形态色彩浓厚的传统法学进行了反思，并重新认识、引入现代西方的法律思想。反映在民事诉讼法学领域，学者们对于民事诉讼原则、民事检察监督、上诉审的范围等问题进行了热烈的争论，尽管结果不可能达成共识，但这种多元的法学思想为立法提供了丰富的理论依据。从笔者接触到的资料看，苏联解体后出版的民事诉讼法专著中，对于西方民事诉讼法学的介绍没有了阶级斗争的火药味，有了更加客观的介绍和评价，这种学术上的繁荣和成熟无疑是立法的理论支持。

① 《俄罗斯联邦民法典》，黄道秀、李永军、鄢一美译，中国大百科全书出版社1999年版，第2页。该译本收录的是俄罗斯民法典的第一部分和第二部分，本文引用的民法典条文均采用这个译本。

② 《俄罗斯联邦民法典》应该包括四部分：第一部分规定总则、所有权和其他物权、债法总则，于1994年10月21日被国家杜马通过，自1995年1月1日起施行；第二部分规定债的种类，于1995年12月22日被国家杜马通过，自1996年3月1日起施行；第三部分规定继承法和国际私法，于2001年11月1日被国家杜马通过，自2002年3月1日起施行；第四部分规定知识产权，迄今为止尚未通过。要等到民法典第四部分通过再通过民事诉讼法典显然不是明智的，俄罗斯有句谚语：“七个人不要等一个人”，所以，在2002年通过民诉法典是合适的。

③ 傅荣：《私法复兴——俄罗斯新民法典研究》，吉林人民出版社2003年版，第52页。

二、俄罗斯民事诉讼法典的起草过程

俄罗斯民事诉讼法典的起草过程，从正式成立起草小组到法典被通过，一共持续了9年（1993～2002年）多的时间。实际上在正式起草之前的3年（1990～1993）里，就曾经发起研究过民事诉讼纲要和未来民事诉讼法典的体系与框架，[①] 可以说是为起草制定民事诉讼法典做了理论上的预备。这样算起来，法典的起草过程就持续了12年的时间。

1993年5月，俄罗斯司法部成立了由实践部门人员和学者组成的民诉法典起草小组，旨在改革民事诉讼中的下列问题：

（1）完善民事诉讼的原则，首先是处分原则（диспозитивность）和辩论原则（состязательность）；完善对民事案件的独任审理和合议审理之间的关系；

（2）提高法院的地位并确定其积极活动的程度；

（3）允许简化诉讼程序；

（4）引入和解司法制度（мировая юстиция）审理民事案件；

（5）确定检察长的诉讼地位；

（6）确立民事诉讼中的行政和其他公共法律关系案件的审理程序；

（7）确立对和解法官判决和裁定的上诉和抗诉程序；

（8）完善监督审中对法院裁判再审的程序；

（9）确定执行程序在民诉法典体系中的位置。[②]

1995年，起草小组制定出了第一个完整的民诉法典草案；1997年4月24～25日在莫斯科举行的一次会议上，学者和实践部门人员对制定出

---

① См.: *Треушников М. К.* Проект Гражданского процессуального кодекса на “финишной” прямой // Эж-Юрист. 1998. № 23.

② См.: Комментарий к Гражданскому процессуальному кодексу Российской Федерации / Под ред. М. С. Шакарян. Москва, 2003. С. 5.

来的民诉法典草案进行了充分的讨论；从 1998 年夏开始，民诉法典的起草进入到最后的阶段，直至 2002 年 10 月国家杜马正式通过《俄罗斯联邦民事诉讼法典》。

俄罗斯起草民诉法典的过程，体现了以下特点：

（1）起草与对现行法的修订同时进行。2002 年《俄罗斯联邦民事诉讼法典》中的许多内容实际上在通过之前就已经实现。原来，1995 年就已经准备好的草案由于多种原因被耽搁了，没有能够提交给国家杜马。同时，法官们在各种讨论民诉法典草案的会议上都赞成先实现一些草案的规定，以满足司法实践的需要。因此，俄罗斯联邦最高法院两次向国家杜马提交了关于修订和增补《苏俄民事诉讼法典》的法案，这两个法案分别于 1995 年和 2000 年通过（联法 1995 年 10 月 30 日和 2000 年 8 月 7 日）。对 1964 年《苏俄民事诉讼法典》的修订和增补，反映了新民诉法典草案不同程度上的规定。尤其是实现了一些概念性的规定，例如，扩大辩论原则和处分原则的适用，引入简易程序，确定和解法官的管辖权，引入对和解法官判决的上诉程序，确定法院在审理和判决民事案件中积极活动的程度。所有这些引入《苏俄民事诉讼法典》的规定，除了个别的例外，最终都没有任何实质改变地体现在 2002 年《俄罗斯民事诉讼法典》中。①

（2）起草与司法实践的良性互动。有必要指出的是，在将新民诉法典草案提交国家杜马之时，它的绝大部分已经在司法实践中得到了实施并被认同。许多新的规定和特定的规范在司法实践中获得了成功的适用。同时，民诉法典草案的制定者们也有可能对适用实践中出现问题的那些规范进行必要的修改，例如，引进对于原告放弃诉讼请求的监督，完善法院命令和缺席判决的规定。② 正是由于这个在法律基础上进行的法律实验，民

---

① См.：Комментарий к Гражданскому процессуальному кодексу Российской Федерации / Под ред. М. С. Шакарян. Москва, 2003. С. 5 – 6.

② См.：Комментарий к Гражданскому процессуальному кодексу Российской Федерации / Под ред. М. С. Шакарян. Москва, 2003. С. 6.

诉法典的起草者们获得了独一无二的机会去发现和解决在这个过程中出现的问题，使得新法典具有很强的实用性，并能在很大程度上保持稳定性。

（3）注重程序法和实体法的结合与程序法体系的协调。在2002年《俄罗斯联邦民事诉讼法典》中确立了维护民事主体的权利、自由和合法利益的民事诉讼任务（第2条），这反映了立法者保障私权的民事诉讼目的观。这种诉讼目的必然要求在立法时注重程序法与实体法的紧密结合。实际上，之所以新民诉法典迟迟不能通过的一个重要原因就是民法典的第三部分和第四部分一直没有通过，所以不能立民事诉讼法典。直至2001年民法典第三部分通过，民诉法典才被提上议事日程。新民诉法典的许多内容都与民法典等实体法的规定相匹配，有利于保障民事主体权利的实现。以民诉法典第11章“命令程序”为例，规定了通过简便、快捷、经济的方式实现民事实体权利的程序，这些权利分别归属于民法典、家庭法典、票据法等实体法。有关命令程序的规定，同时也体现了立法者将民事诉讼法与公证法、强制执行法、行政程序法等程序法系统化的思想，通过各个子系统之间的互相协调，达到整个解决纠纷的体系的结构优化。

三、法典对几个重要问题的修改

（一）完善民事诉讼的基本原则

俄罗斯民事诉讼的原则是指由法律规范所确立的民事诉讼的基础性规定和基本的法律思想，它贯穿于整个民事诉讼程序的规定并确定民事诉讼的结构，以保障作出合法和有根据的判决和判决的执行。[①] 民事诉讼的原则可以分为两类：一类是组织—职能原则，它同时确定法院的体制和诉讼程序，例如，司法权仅由法院行使原则、法官独立原则、公民和组织在法律和法院面前平等原则、国家语言原则、公开原则；另一类是职能原则，

---

① См.：Гражданский процесс / Под ред. М. К. Треушникова. Москва，2003. С. 63.

它只确定法院和其他民事诉讼参加人的诉讼活动，例如，法制原则、辩论原则、处分原则、当事人诉讼权利平等原则、客观真实原则、直接原则、不间断原则。俄罗斯民诉法典对基本原则的修改，既体现在组织—职能原则上，又体现在职能原则上，这里仅就职能原则的修改做简要评介。

对职能原则的修改主要是围绕处分原则和辩论原则来进行的，其他的职能原则可以看作对这两个原则的补充。

1. 处分原则

处分原则是指案件参加人特别是当事人可以支配自己的实体权利和诉讼权利，这个原则确立了诉讼程序的运行，从一个阶段向另一个阶段过渡。根据处分原则依当事人的意思表示得提起民事案件，确定诉讼标的和理由，提起上诉，申请执行。处分原则从提起具体民事案件到执行程序一直贯穿于民事诉讼程序。[①] 与 1964 年《苏俄民事诉讼法典》（以下简称 1964 年民诉法典）相比，2002 年《俄罗斯联邦民事诉讼法典》（以下简称 2002 年民诉法典）中的处分原体现了如下修改。

（1）起诉。依据 1964 年民诉法典第 41 ~ 42 条的规定，不仅可以依利害关系人的申请提起诉讼，而且检察长或者国家机关、工会、企业、组织和个别公民为保护他人的利益也可以提起诉讼。[②] 而 2002 年民诉法典则严格限定非利害关系人起诉的条件：检察长有权请求法院维护公民、不确定范围人的权利、自由和合法利益，但这种请求仅在公民由于健康状况、年龄、无行为能力和其他正当原因不能亲自向法院提出请求时才能由检察长提出（第 45 条）；在法律规定的情况下，国家权力机关、地方自治机关、组织和公民有权向法院提出请求，以维护他人的权利、自由和合法利益，

---

① См.: *Боннер А. Т.* Принцеп диспозитивности советского гражданского процессуального права. Москва, 1987. С. 34.

② 本文引用的 1964 年民诉法典，资料来源于俄罗斯国家杜马网站：http://www.duma.gov.ru。该法典的中文译本可参见《苏俄民事诉讼法典》，梁启明、邓曙光译，法律出版社 1982 年版。

但前提是该他人请求他们这样做，只有在该他人是无行为能力人或未成年人时，国家权力机关、地方自治机关、组织和公民才可以主动提出请求。

（2）法院判决的范围。1964 年民诉法典规定，出于保护组织、公民权利和合法利益的必要，法院可以超出原告的请求范围作出判决（第 195 条）。而 2002 年民诉法典规定，法庭对原告提出的诉讼请求作出判决，但是，在联邦法律规定的情况下，法院可以超过诉讼请求的范围（第 196 条第 3 款）。根据俄罗斯学术界的权威解释，超出原告请求范围的判决主要是出于对公共利益的保护。[①] 例如，根据《俄罗斯民法典》第 166 条第 2 款，法院有权自己主动适用自始无效法律行为的无效后果。[②] 另外，超出原告请求范围的判决也出现在公共法律关系案件中（第 246 条第 3 款）。[③]

（3）上诉审法院审理案件的范围。1964 年民诉法典规定，上诉审法院对于上诉案件的审理是全面的，既审理上诉部分，也审理没有上诉的部分，而且法院不受上诉或者抗诉理由的限制，应当对全案进行审查（第 294 条第 1 ~ 2 款）。2002 年民诉法典则严格限制了上诉审的范围，规定上诉审法院原则上根据上诉状、抗诉书和对上诉状或抗诉书的答辩审查第一审法院的判决是否合法和有根据，只有在为了合法性的要求时，上诉法院才有权全面对第一审法院的判决进行审查。根据解释，这种例外的情形主要涉及需要社会保护的公民的权利和利益（如儿童、老人、残疾人、无民事行为能力人），或者国家和社会利益，以及违反司法权原则和其他诉讼法规范的情形。[④]

---

① См.: Комментарий к Гражданскому процессуальному кодексу Российской Федерации / Под ред. М. С. Шакарян. Москва, 2003. С. 339.

② 无效法律行为的具体情形规定在《俄罗斯民法典》第 167 ~ 172 条。其中，第 169 条第 3 款特别规定，在无效法律行为的双方均存在故意的情况下，如果双方均履行了法律行为，则双方依照该法律行为所获的全部所得均应予追缴，收归俄罗斯联邦所有；而在另一方履行时，则向另一方追缴其全部所得和另一方作为补偿应付给履行方的全部对价作为俄罗斯联邦收入。

③ 2002 年民诉法典规定的公共法律关系案件，类似于我国的行政诉讼案件。

④ См.: Комментарий к Гражданскому процессуальному кодексу Российской Федерации / Под ред. М. С. Шакарян. Москва, 2003. С. 572.

从上述处分原则具体内容的变化看，2002 年民诉法典的确更加尊重了当事人的处分权，严格限制了法院主动采取诉讼行为的范围。此外，当事人的处分权也不是绝对的，它的行使要受到法院的监督。也就是说，处分原则本身并没有确立当事人的绝对处分权，处分原则本身就包含了法制原则的内容，正是法制原则的补充和保障，才能更加有效地保障当事人的实体权利和诉讼权利得到实现，也能够对个人的权利和利益、社会利益、公共利益和国家利益进行全面的保护。

2. 辩论原则

如果说处分原则为当事人和其他诉讼参加人支配争议客体和推动诉讼进程提供了可能，那么辩论原则则确定了他们证明提出请求和反驳的根据以及捍卫自己法律阵地的可能与义务。① 俄罗斯民事诉讼中的辩论原则包含两个方面的含义：一是调整当事人、其他诉讼参加人以及法院提出、收集、审查证据的行为；二是民事诉讼以辩论进行的一种方式。② 前者涉及证据的问题，后者涉及诉讼进行的辩论形式；前者涉及诉讼中法官和当事人的关系问题，后者只是当事人之间的关系。2002 年民诉法典对辩论原则的修改主要体现在以下几个方面。

（1）删除有关客观真实的法律规范，禁止法院主动调查收集证据。在苏维埃民事诉讼法中，辩论原则是同客观真实原则密切联系在一起的。③ 因此，法院必须不受当事人提出证据的限制，采用所有法律规定的措施确定案件的真实情况，也就是依职权主动调查收集证据，这是为中国法学界所

---

① См.: *Шишкин С. А.* Состязательность в гражданском и арбитажном судопроизводстве. Моска, 1996. С. 95.

② См.: Комментарий к Гражданскому процессуальному кодексу Российской Федерации / Под ред. М. С. Шакарян. Москва, 2003. С. 36.

③ ［苏］阿·阿·多勃罗沃里斯基等：《苏维埃民事诉讼》，李衍译，法律出版社 1985 年版，第 34 页。

熟知的。现行法典取消了有关客观真实的规范,[①] 规定只有在当事人和其他案件参加人难以提交必要的证据时，法院得根据他们的申请在收集和调取证据方面给予协助（第56条第2款)。

（2）规定法院的释明权。1995年《关于修订和增补〈苏俄民事诉讼法典〉的联邦法律》规定，在本法典有规定的情况下，法院应协助案件参加人实现其权利。2002年民诉法典取消了法典规定的列举性规定，一般地规定法院有义务协助案件参加人实现其权利，赋予了法院更大的裁量权。另外，新法典还规定，法院应向案件参加人说明其权利和义务，警告实施和不实施诉讼行为的后果，这样，虽然法典没有适用释明权的字眼，但是实际上确立了释明权的制度。

（3）强化法院在调查证据、确定案情方面的积极作用，强化法院对诉讼的领导权。这方面的修改精神是法院不应该消极地听取当事人的陈述和辩论，而应当积极地采取行动，为审理和解决民事案件时全面和充分地调查证据、确定事实情况和正确适用立法创造条件（第12条第2款)。类似的规定还体现在法庭审理中审判长的作用上。审判长在庭审中不应当消极中立，相反，应当积极地活动，为全面和充分调查证据和案情，从审判中排除一切与案件审理无关的因素创造条件（第156条第2款)，从而作出合理的和有根据的判决。如果法庭在法庭辩论时或法庭辩论后认为必须查明对案件审理有意义的新情况，法庭可以作出重新对案件进行实体审理的裁定（第191条第2款)。

可见，新法典规定的辩论原则并不是纯粹的辩论原则。纯粹的辩论原则，其中法院只在程序中发挥消极的作用，将诉讼程序引入“争议当事人之间的自由竞技”，在当今的民事诉讼程序中是不存在的。[②] 2002年民

---

① 1995年《关于修订和增补〈苏俄民事诉讼法典〉的联邦法律》规定，立法取消在民事诉讼中实行客观真实原则。

② См.：Гражданский процесс / Под ред. М. К. Треушникова. Москва, 2003. С. 80.

诉法典，一方面，强化了当事人的证明责任，限制法院主动调查收集证据；另一方面，强化了法院的释明权和对诉讼的领导权，在尊重当事人处分权的基础上，实现了对民事权利的有效保障。

还需要指出的是，虽然2002年民诉法典没有规定客观真实原则，但是，这并不意味着法典中的程序和制度不体现客观真实原则，只不过现行法典改造了客观真实原则，将其作为辩论原则的一个补充。以前是采取一切措施查明案件的真实情况（第14条），而现在，确定实际发生情况的唯一途径就是通过当事人的辩论，在法院的领导下提出、判断证据（第12条）。从新法典的一系列规定中，不难看出立法者要求法院尽力确定案件真实情况的用意。例如，第56条第2款规定，法院应确定，哪些情况对案件有意义，应由哪一方当事人证明，并将情况进行讨论，即使当事人没有援引这些情况。查明案件的真实情况，应当说是任何一个诉讼都不能否定的诉讼理想，问题的关键在于如何构建起合理的程序和制度去落实这个诉讼理想，俄罗斯在这方面的反思和改革值得我们借鉴。

（二）废弃人民陪审制，完善对民事案件的独任审理和合议审理之间的关系

在审判组织方面，新法典进行了一些实质性的修改，主要体现在以下几个方面。

（1）废弃人民陪审制。苏联宪法规定，除法律规定的特别情况外，各级法院审理案件都必须有人民陪审员参加。因此，1964年民诉法典规定，第一审法院由审判员和人民陪审员组成合议庭进行审理（第15条）。苏联法学界认为，人民陪审员参加行使审判权是体现社会主义民主、实现人民参加国家管理的一种形式。[①] 作为一种政治性的法律原则，在苏联时

---

① ［苏］А. Ф. 克列曼：《苏维埃民事诉讼》，王之相、王增润译，法律出版社1957年版，第56页；［苏］阿·阿·多勃罗沃里斯基等：《苏维埃民事诉讼》，李衍译，法律出版社1985年版，第26页。

代这个规定是不能有任何动摇的。但在苏联解体以后，这条原则逐渐发生了动摇。2002年11月14日《俄罗斯联邦关于施行〈俄罗斯联邦民事诉讼法典〉的联邦法律》第2条规定，自2003年2月1日起，《关于俄罗斯联邦普通法院人民陪审员的联邦法律》中涉及民事诉讼的部分失效。从此，俄罗斯的民事诉讼中就没有人民陪审员的参加了。依据2002年民诉法典的规定，民事案件由法官（包括和解法官[①]和职业法官）进行审理(第14、23条)。对于人民陪审员退出民事诉讼的审理，俄罗斯学术界反映不一：有的认为，人民陪审员专业素质不高，参加民事诉讼审理的积极性不强，流于形式，应该废弃人民陪审制；有的认为，庭审不应当是学术会议，庭审的内容和判决的结果应该让普通公民理解和接受，所以保留人民陪审制是必要的。

但根据1993年《俄罗斯联邦宪法》第32条第5款，俄罗斯联邦的公民有权参与司法权的行使。据此，《俄罗斯联邦刑事诉讼法典》第30条第2款第2项规定，普通管辖的联邦法院法官1名和由12名陪审员组成的陪审团，根据刑事被告人的请求审理本法典第31条第3款规定的犯罪。在几年来的司法实践中，俄罗斯联邦逐步在刑事诉讼中推行建立陪审团进行审判，取得了一定的成绩，[②] 但也在社会上引起了较大的争议。虽然在刑事诉讼中存在陪审团审理的情况，但在民事诉讼法典中却没有规定由陪

① 1998年11月11日，国家杜马通过了《俄罗斯联邦和解法官的联邦法律》。这个法律确立了和解法官的权限。除了审理最高刑未超过两年剥夺自由的犯罪的刑事案件以外，和解法官在第一审中还有权审理发出法院命令的案件，以及其他家庭、劳动和民事法律关系产生的民事案件。《俄罗斯联邦行政违法行为法典》也引入和解法官解决一些行政违法案件。

② 据俄罗斯联邦最高法院院长维亚切斯拉夫·列别杰夫介绍，至2002年12月31日，陪审团已在俄联邦9个主体得到采用并表现出其可行性。现在已经积累了由陪审团参与审查案件的好经验。从2003年1月1日起，开始在俄罗斯全境逐步实行陪审团制。现在，俄罗斯联邦已有69个主体有了陪审团。2002年，陪审团审议了涉及495人的刑事案件。其中421人被认定有罪，44人被认定无罪。但是，有11人的判决被最高法院否决，因为审理中违反了程序。预计2007年将完成在俄罗斯全境采用陪审团制的工作。参见“俄罗斯联邦最高法院院长维亚切斯拉夫·列别杰夫谈俄司法改革”，载《今日俄罗斯》第8（33）期。

审团进行审理，在这一点上俄罗斯的做法符合了国际上民事陪审团走下坡路的趋势。

（2）完善对民事案件的独任审理和合议审理之间的关系。2002 年民诉法典规定，在一审法院，案件由法官独任审理，在联邦法律有规定的情况下，由三名职业法官组成的合议庭审理；上诉程序对案件的审理由三名法官组成的法庭审理，一名法官担任审判长；通过审判监督程序审理案件时，法庭组成人员为审判长和至少两名法官（第 14 条）。而 1964 年民诉法典则规定，所有法院的民事案件一律采用合议制审理（第 15 条）。这样，在第一审程序中，原则上采用独任制进行审理，更加符合实际的需要，节约了司法资源。

（三）重新界定检察长在民事诉讼中地位

检察长在俄罗斯民事诉讼中的地位经历了三个时期。从 1922 年开始，基于国家对私法关系进行干预的思想和公共性原则，[①] 检察长可以提起或者参加民事诉讼。检察长在民事诉讼中的地位上并不是单纯的当事人，同时还是处于法院之上的法律监督机关。[②] 这种做法否定了辩论原则和当事人平等原则。20 世纪 90 年代初，情况发生了改变。当时市民社会的思潮兴起，国家开始越来越少地干预公民之间的相互关系，公共性原则开始让位于处分原则，甚至在当时的刑事诉讼程序中也出现了扩大处分原则适用的趋势。[③] 但在民事诉讼领域的情况却十分沉寂，当时出版的民诉法典释

---

① 著名的列宁公式，在民事关系领域里“我们不承认任何私的东西，对于我们而言经济领域里的一切都是公法关系，而不是私法关系”，可以说是这种国家干预思想的源头。

② 许多苏联时代的法学著作都支持这一观点，例如，参见 *Тадевосян В. С.* Курс советского гражданского процессуального права. Том 1 / Под ред. *Мельникова А. А.*, Москва, 1981. С. 283 – 287；*Даев В. Г.*, *Машунов М. И.* Основы теории прокурорского надзора. Ленинград, 1990. С. 114；*Викут М. А.* Правовое положение прокурора, предъявившего иск в интересах другого лица. — Вопросы теории и практики прокурорского надзора. Саратов, 1974. С. 135 – 136。

③ См. *Петрухин. И. Л.*. Прокурорский надзор и судебная масть. Москва, 2001. С. 83.

义仍然认为检察长具有监督权和公共法律权力，好像检察长的诉讼地位不应该有任何变化。[①] 2000 年 8 月 7 日，《关于修订和增补〈苏俄民事诉讼法典〉的联邦法律》删去了 1964 年民诉法典第 12 条关于民事诉讼中的检察监督的规定，[②] 这样，检察长不再被看作民事诉讼中的监督机关，而仅仅是参加法院对民事案件的审理。检察长的这种诉讼地位继续体现在新法典中。

2002 年民诉法典保留了检察长参加民事案件审理的两种方式：提起诉讼和参加诉讼，但对其中的不符合诉讼法基本原则的一些问题进行了实质的修改，表现在以下四个方面：

（1）在为保护公民权利和利益提起诉讼方面，更加尊重当事人的处分权。依据 1964 年民诉法典的规定，检察长实际上可以不依公民的请求而在必要时提起保护其权利和合法利益的诉讼（第 41 条第 1 款）；而 2002 年民诉法典规定，维护公民权利、自由和合法利益请求仅在公民由于健康状况、年龄、无行为能力和其他正当原因不能亲自向法院提出请求时才能由检察长提出（第 45 条第 1 款）。

（2）限制检察长在参加之诉中提出结论的权利。1964 年民诉法典规定，如果法院准许公民申请检察长参加已经开始的诉讼，则检察长有权对任何案件问题提出结论（第 41 条第 3 款）；而 2002 年民诉法典规定，检察长职能在法律有规定的情况下才能对案件问题提出结论。这样做，体现了当事人平等原则，同时也尊重了法院的独立性。

---

① См. Комментарии и разъяснения к Федеральному закону ? О прокуратуре ? Санкт-Петербурк, 1999. С. 100 и след. ; Прокурорский надзор в Российской Федерации / Под ред. *Чувилева А. А.* Москва, 2000. С. 260 и след.

② 1964 年《苏俄民事诉讼法典》第 12 条规定：

根据《苏联和各加盟共和国民事诉讼纲要》第 14 条，准确执行苏联、各加盟共和国和自治共和国法律的监督由苏联总检察长直接实施，以及通过苏俄检察长和其他附属于他的检察长实施。

检察长应当在民事诉讼的所有阶段及时采取法律规定的措施消除一切违反法律的行为，无论这种违法行为来自何人。

检察长在民事诉讼中的权限独立于任何机关和公职人员，仅服从于法律并受苏联总检察长命令的领导。

(3) 1964年民诉法典规定，检察长可以对超过诉讼时效的请求提起诉讼；而2002年民诉法典则规定，法院可以驳回无正当理由迟延诉讼时效的请求（第152条第6款），实际上包括检察长在内也不能对超过诉讼时效的没有正当理由的请求提起诉讼。

(4) 1964年民诉法典对检察长在监督审中提起抗诉的期限没有限制；而2002年民诉法典要求对法院裁判可以在其发生法律效力之日起1年内向法院提出抗诉（第376条第2款）。这样做，体现了程序安定原则。

在俄罗斯，司法界和学术界对于新法典降低了检察长在民事诉讼中的地位有着不同的看法。以检察机关为代表的人认为，新法典的规定不利于落实宪法关于保护个人和公民的权利与自由的规定，甚至有违反宪法之嫌。[①] 当然，也有人认为，这样规定有利于保障法官独立。

（四）建立保护不特定人权利、自由和合法利益的公益诉讼

在1964年民诉法典中有为保护他人权利而提起诉讼的规定，即国家管理机关、工会、团体、企业、组织和个别公民可以作为当事人或第三人参加诉讼，以保护其他人的权利和合法利益（第42条）。与单纯的一对一的民事诉讼相比，这种诉讼行使无疑具有一定的公益性。但是，立法作出这样的规定主要是出于国家对私法关系进行干预的目的，[②] 大大减弱了这种诉讼的公益性。2002年民诉法典专门增加了请求法院维护他人的权利、自由和合法利益的规定，即在法律规定的情况下，国家权力机关、地方自治机关、组织和公民有权根据他人的请求向法院提出请求，以维护他人的权利、自由和合法利益，或者维护不特定范围的人的权利、自由和合

① См.: *М. Миров* Прокурор в гражданском процессе // Домашний адвокат. 2003. № 15.

② 列宁曾经指示：必须加强国家对私法关系、对民事案件的干预方面继续前进……对于扩大国家干预民事关系的任何极小的机会都不能放过。参见《列宁全集》（俄文版）第44卷，第412页。

法利益。维护无行为能力人或未成年人合法利益的请求，不论利害关系人或其法定代理人是否请求，均可以提出（第46条第1款）。

公益诉讼的一般特征是，公益诉讼的原告是与本案没有直接利害关系的人，诉讼保护的对象是不特定范围的人。[①] 这样分析，保护不特定人权利、自由和合法利益的诉讼就具有了公益诉讼的基本特征，可以看作俄罗斯民事诉讼中的公益诉讼。这种形式诉讼的最主要特征是，诉讼是为了不特定的主体提起的，因为受到侵害的公民和组织群体的数目并不能总是准确地确定。这种公益诉讼的实体法依据是俄罗斯20世纪90年代以来关于在国民经济领域保护国家和社会利益、消费者保护和环境保护等立法。[②] 例如，2002年《关于环境保护的联邦法律》规定，组织和公民有权向法院或者仲裁法院起诉，请求停止给公民健康和财产、国民经济和环境带来损失的生态损害的行为（第11～12条）。

另外，笔者认为，关于检察长参加案件的规定，也可以看作有关公益诉讼的规定。

（五）简化诉讼程序

简化诉讼程序是俄罗斯本次修改民事诉讼法典的一个重头戏。虽然在法典中没有规定专门的简易程序，但是确立了许多简化诉讼程序的规定（容笔者称其为“简化程序”），其中的法院命令程序和缺席判决程序是新增加的两种简化程序。

1. 法院命令程序

法院命令程序是一种类似于我国督促程序的简化程序。1964年民诉

---

① 关于公益诉讼的概念，在中国学术界并没有通说，而实行公益诉讼的国家的情况也各不相同，这就给界定公益诉讼带来了困难。笔者认为，应当结合公益诉讼的历史发展和各国的实践来具体地把握公益诉讼的概念。这里抽象出来的仅是公益诉讼的形式特征，至于实质内涵还应当结合具体的法律体系去考察。

② См.：Комментарий к Гражданскому процессуальному кодексу Российской Федерации / Под ред. М. С. Шакарян. Москва, 2003. С. 115－116.

法典中没有规定这个程序，1995年《关于修订和增补〈苏俄民事诉讼法典〉的联邦法律》中增加了对于债权人与债务人之间无争议的债权进行简化和迅速审理的程序，一共有10个条文，这些规定在1996年1月起生效。在适用过程中，法院命令程序显示出了自己的生命力、重要性和有效性。① 统计资料显示，在2001年，和解法官共作出297 800个法院命令，占胜诉案件的25.9%。② 得益于实践中积累的经验，2002年民诉法典保留并完善了追索债务的简化机制，表现在以下几个方面。

（1）强化法院命令的性质和效力。法院命令是法官在本法典规定的诉讼中，根据债务人追索金钱或动产的申请而作出的法院裁定。法院命令的效力具有双重性：既具有与法院判决类似的法律效力，同时也是执行文件，并应按执行法院裁决的程序予以执行（第121条）。

（2）简化程序。首先，规定法院命令程序由和解法官一人独任审理（第121、123条）；其次，法庭命令的作出无须经过法庭审理，也无须传唤当事人听取他们的解释；最后，法院命令使用专门表格制作，方便法官制作（第127条第3款）。

（3）加速程序。首先，法官应当在收到法院命令申请书之日起5日内就所提出请求的实质作出法院命令（第126条第1款）；其次，法官向债务人寄送法院命令的副本，债务人在收到命令之日起5日内对命令的执行提出异议（第128条）。

（4）降低诉讼费。提出法院命令申请的，按诉讼请求国家规费标准的50%交纳国家规费（第123条第2款）。

这些程序性规定，体现了简化、迅速、廉价审理民事案件的国际趋势，从而有利于保障债权人债权的顺利实现。

---

① См.：*Жуйков В. М.* Проблеммы гражданского процессуального права. Моска，2001. С. 62－63.

② См.：Российская юстиция. 2002. № 8. С. 70.

2. 缺席判决程序

许多国家都规定了缺席判决程序。根据统计资料，在英国，高等法院和郡法院的大多数案件都适用缺席判决程序审理。俄罗斯的学者们分析了这种现象的社会经济原因和法律原因：被告认识到自己实施防御是没有希望的，没有自由的时间履行必要的诉讼手续，在没有律师帮助的情况下没有认识到诉讼程序的这个细节规定等。① 通过 1995 年 10 月对苏俄民诉法典的修订，俄罗斯确立了缺席判决程序，而在此之前，法院只能通过庭审来作出一种形式的判决。2002 年民诉法典继续规定并完善了缺席判决程序。

（1）缺席判决的适用条件。根据法典第 233 条，适用缺席判决程序需同时具备 5 个条件：①被告不到庭；②对被告进行了通知；③被告没有不到庭的正当原因；④被告没有请求在他缺席的情况下审理案件；⑤原告的同意。立法严格规定了缺席判决的适用条件，可以防止违反正当程序情形的发生。

（2）缺席判决的程序。在按照缺席审判程序审理案件时，法院应按一般程序开庭，审查案件参加人提交的证据，考虑他们的意见并作出判决（第 234 条）。

缺席判决程序的确立，有助于进一步保障实现辩论原则，提高当事人对自己的行为（不作为）负责的程度，加快解决争议，减少依据通常的严格程序审理案件的数量。② 但是，俄罗斯民事诉讼中的缺席判决程序并不是完美的，主要在于实践中的适用还不能完全体现出迅捷的程序特点。法律允许在被告第一次缺席的情况下就适用缺席判决程序审理案件，但在实践中，上述规范只有在当事人两次或更多次缺席的情况下才能适用。③ 这种实践与立法的矛盾是司法过程中必须要加以解决的问题。

---

① См.：Гражданский процесс / Под ред. М. К. Треушникова. Москва，2003. С. 394.

② См.：Гражданский процесс / Под ред. М. К. Треушникова. Москва，2003. С. 394.

③ См.：Комментарий к Гражданскому процессуальному кодексу Российской Федерации / Под ред. М. С. Шакарян. Москва，2003. С. 386.

（六）确立对和解法官判决和裁定的上诉抗诉程序

俄罗斯联邦的民事诉讼中存在着两种上诉审程序：一种是对和解法官作出的未生效判决和裁定的上诉（апелляция）；[①] 另一种是对普通的联邦法院作出的未生效判决和裁定的上诉（кассация）。前一种上诉形式曾经存在于俄罗斯革命以前的民事诉讼规范中，但在1917年关于法院的最初的法令和关于人民法院的组织条例里，都明确规定了摒弃资产阶级控告制度（本文所说的上告：апелляция。——笔者注）的原则，[②] 这时的苏俄民事诉讼只存在上诉（кассация）制度。2000年，俄罗斯对苏俄民诉法典进行修订，增加了对和解法官判决和裁定的上诉和抗诉程序（апелляция），历史似乎又回到了一百年前。

我们可以通过对2002年民诉法典两种上诉程序的简单比较来把握它们各自的特征。对和解法官判决和裁定的上诉程序（апелляция）的目的是，根据上诉和抗诉的请求范围对案件的全部或部分进行实质上的重新审理。[③] 在此程序中，上诉审法院重新审查案件的事实方面和法律方面，法院有权认定新的事实和审查新的证据（第327条第3款）。而对普通管辖的联邦法院作出的未生效判决和裁定的上诉（кассация）的目的主要是，检验第一审法院判决、裁定的合法性和有根据性。[④] 在此程序中，法院只评价案件中现有的证据，以及在法院认为第一审法院不能提交补充证据的

---

① 我国早期的一些译著将апелляция译为“控告”。将这一概念与大陆法上相似的概念进行比较，发现它类似于法国法上的“appeal”，故将其译为“上告”比较符合该词的原义和中国法律的用语。本文出于行文的方便，有时也使用“上告”来代替“对和解法官作出的未生效判决和裁定的上诉”。

② 当时的立法者自信地认为，由于第一审法院接近公民，又有人民陪审员参加审判，同时苏维埃的诉讼程序能够保障法院作出符合案件事实的判决。基于这种考虑，废除了控告制度。参见［苏］А. Ф. 克列曼：《苏维埃民事诉讼》，王之相、王增润译，法律出版社1957年版，第334～336页。

③ См.：Гражданский процесс / Под ред. М. К. Треушникова. Москва, 2003. С. 481.

④ См.：Гражданский процесс / Под ред. М. К. Треушникова. Москва, 2003. С. 497.

情况下评价提交的补充证据，证明被提出上诉或抗诉的法院裁判中的事实和法律关系或者确认新的事实和法律关系（第 347 条第 2 款）。

可见，对前一种上诉（上告）的审理既包括事实方面，又包括法律方面，是全面的审查；而对后一种上诉的审理则偏重适用法律方面。这种区别体现了立法者对于和解法官作出的判决、裁定的特殊考虑，在设计上诉制度时加强了对它的纠错机制。

（七）完善监督审中对法院裁判再审的程序

2002 年民诉法典对监督审进行了大刀阔斧的改革。在制定新民诉法典草案时，监督审的问题曾经是最为尖锐的问题，出现了一些极端观点：从取消对法院裁决的再审阶段，到将其转化为普通的诉讼程序，得依处分原则按照利害关系人的意志提起。结果是，监督审作为一个独立的诉讼阶段被保留下来，但是增加了相当多的新规定。[①]

1964 年民诉法典监督审的基本特点是，提起它的理由可以是法院或检察机关公职人员所了解的任何信息，提起的根据是享有权力的公职人员的抗诉。[②] 2002 年民诉法典取消了检察机关公职人员的抗诉（протест）；规定检察长有权向监督审提出再审请求（представление）[③]，而法院的公职人员则没有这样的权利。法典不仅确定了检察长直接向监督审法院提出再审请求的权利（第 376 条第 3 款），还详细规定了提起监督审程序的条件和程序（第 377 条）。这其中最突出的修改是，只有在检察长参加过原审案件的审理时，相应的检察机关的公职人员才有权向监督审法院提出再

---

① См.：Комментарий к Гражданскому процессуальному кодексу Российской Федерации / Под ред. М. С. Шакарян. Москва, 2003. С. 599.

② 根据规定，检察长、俄联邦各主体的法院院长、俄罗斯联邦总检察长、俄罗斯联邦最高法院院长以及他们的副手，都可以提起抗诉。

③ 从启动再审程序的功能来看，提出再审请求（представление）实际上就是 1964 年民诉法典中的抗诉（протест）。但是，这种措辞的变化反映了立法者对于民事诉讼中的检察长进行了重新定位，他不再是法院之上的监督者，而是启动再审程序的诉讼参加人。